LIVRE DE LA VIE

DÉJA PARUS

LIVRE DE LA JOIE, Elisabeth Warnon

LIVRE DE LA CONNAISSANCE, Elisabeth Warnon

MONDES DE LUMIÈRE, RAPPORT X 7
Anne K. Edwards

SHAMBHALA OASIS DE LUMIÈRE, Andrew Tomas

A PARAÎTRE

MARKOSSAMO LE SAGE, Christia Sylf

L'ÈRE DU VERSEAU ET SES ORIENTATIONS,
Elisabeth Warnon

IMMANENCE ET TRANSCENDANCE,
Elisabeth Warnon

NICHOLAS ROERICH, Didier Dublé

LIVRE DE LA VIE

Elisabeth Warnon

Le Hiérarch
28, allée G.-Récipon
75019 Paris

Œuvrant dans l'esprit du Bien Commun, l'association « Le Hiérarch » s'est donné pour tâche de répandre des écrits de haute valeur.
Ce livre peut devenir un puissant vecteur de transformation spirituelle. Si tel est le cas, participez à sa diffusion.

Couverture : Eric Schlumberger

ISBN : 2-906803-04-9
Diffusion Chiron, 40 rue de Seine, 75006 Paris
Diffusion Belgique : Vander
Diffusion Suisse : Payot
Diffusion Canada : Aquarius

Le Livre de la Joie dépose les fleurs dans les mains de l'aimé,
Le Livre de la Connaissance l'aide à monter à l'autel du sacrifice,
Le Livre de la Vie lui ouvre les portes secrètes des Arcanes, et lui fait contempler la Vie et l'Immortalité.

Avant d'écrire le Livre de la Vie,
avant de lire le Livre de la Vie,
sache, o pèlerin, que ton âme pure
comme la neige des hautes cîmes
doit pouvoir refléter le Soleil,
et en dévoilera les secrets
aux Sages, aux Héros et aux Saints.

J'ai pris la barque pour traverser l'océan, et je l'abandonnerai sur la rive...
J'arriverai nu dans la caverne de la montagne du Père.
J'ai vu le microcosme en son essence contenant le germe du Tout, et j'ai pris conscience de la lumière froide qui baignait cet Univers...
Mais j'étais aveugle encore, et je tombais à genoux !

AVERTISSEMENT

Le véritable sens des mots ne se trouve pas dans les mots eux-mêmes, mais dans l'énergie qu'ils véhiculent.
Je ne révèlerai rien à ceux qui ne peuvent ni ne veulent entendre et comprendre. Il est grand temps d'abandonner toutes les platitudes religieuses et philosophiques, et d'explorer le domaine des énergies.
Les beaux mots bercent et endorment l'âme, mais les énergies, dirigées consciemment et mûes par un motif juste, créent le canal de l'âme.
Elles explorent les terrains ravagés par le tumulte des éléments et y apportent la paix et la douceur.
Vous maîtrisez ou vous tentez de maîtriser les énergies extérieures, mais pouvez-vous seulement découvrir vos propres énergies, filles de Cela que vous appelez Dieu ?
Trouvez en vous-même ces énergies, et vous pourrez parcourir le monde interplanétaire en baissant les yeux et en regardant la terre...

LIVRE DE LA CONNAISSANCE

Homme ! Lève les yeux au ciel !

Sous l'empire du rythme cosmique au tout début des temps, Il laissa tomber Ses Semences d'Or qui peuplèrent l'espace infini.

Chaque Etincelle devint Etoile, chaque Etoile était Conscience, et chaque Etoile était un de Ses Fils, grandissant par le désir sacrificiel.

L'Etoile prit conscience de l'infini des ténèbres et descendit de son ciel à travers les Sept couches d'ignorance.

Tout au fond des ténèbres, Elle rencontra la matière inerte, Fille du début, crée par l'inconscience, et la nourrit graduellement de Ses rayons pour l'amener à l'éveil.

Des éons s'écoulèrent ! Des milliers de formes, de plus en plus perfectionnées, vinrent à l'existence !

Sous l'action puissante du Rayon, chaque forme créée atteignit la perfection, tout en prenant pleinement conscience de la parcelle de Lumière qui l'adombrait.

Par la force de l'aspiration, les nombreuses vies humaines créèrent une sorte de radar qui leur permettaient de rechercher l'âme. Un radar capable de détecter un à un les Sept Ciels, les sept états du Rayon remontant vers sa source.

C'est ainsi que, rentrant en lui-même, en sa demeure, le Rayon devient un avec le radar ! Il devient son propre roi, son propre maître, son propre logos !

Peut-il alors, s'il est un sauveur, s'empêcher de redescendre vers les ténèbres, muni de toutes ses connaissances, à la recherche de ses enfants perdus ou attardés dans l'un ou

l'autre ciel transitoire, dans l'illusion, et de les placer autour de Lui dans le but d'attirer leur attention ?
Homme ! Lève les yeux au ciel !
Dirige ton radar intérieur vers le rayon de ton être !
Dirige-le vers ton âme, et laisse toi emporter jusqu'à ta propre demeure, jusqu'à ta propre source, jusqu'à ton Etoile !
Et enfin, vers Cela qui est l'origine et le début du tout !

Le Devenir

Le Ciel étoilé, profond, mystérieux, contient tous les fils et toutes les filles de la Mère !
Il est son secret présent, passé et futur !
Il est son mystère, visible et invisible !
Il est son champ d'activité, son royaume et son règne !
Chacun de ses enfants possède son héritage : le devenir, le secret, le souvenir caché de ce qui est derrière la manifestation — but suprême du devenir !
Le soleil est un des fils brillants de la Mère.
Lorsqu'il paraît, elle semble se retirer, lui laissant le soin de transmettre sa propre vie, la vie une, et de créer en son nom !
Lorsque le fils ardent se « souvient » de sa Mère, il crée l'or pur, il crée l'émeraude, il crée la terre, l'une des gemmes de son écrin !

L'Ere du Sang Bleu

L'ère du sang bleu, du dieu bleu, l'ère de la véritable noblesse fait entendre ses premières notes sur la flûte enchantée de la création de la vie !
Hommes ! Qu'attendez-vous pour y répondre ?
Unissez-vous à la vie, à l'amour !
Semez-en les graines autour de vous et en vous !
Soyez des générateurs de force et de puissance !
La Mère déploie journellement pour vous ses plus audacieuses et plus belles possibilités.
Apprenez votre leçon d'homme et cessez vos enfantillages.
Que votre conscience grandisse à la mesure des possibilités infinies, révélées à vos cerveaux trop souvent déséquilibrés.
Soyez humble devant tant de grandeur, et manifestez la joie de la connaissance et de la créativité.

La Source d'Eau Vive

La vérité est une, simple et entière. Toute adjonction, explication ou culte greffés sur elle devraient servir à développer le mental, et à affiner les émotions grossières.
L'heure est venue où l'homme peut avancer seul, guidé par l'esprit de la fraternité qui s'affirme, sur les traces des Sages, des Héros et des Saints.
L'heure est venue de remonter à la Source et d'y ramener sa plus haute consicence.
Ce que les hommes appellent pur esprit, n'est qu'une fantaisie de leur imagination, séparée de la vérité Père-Mère Une.
Père-Mère invisible, mais unis pour créer !
La Source ne serait pas la Source si elle ne contenait l'Eau de la Vie !

Le Mystère de la Femme

Depuis des siècles sans nombre, la femme a été abaissée afin que le plus grand des mystères reste caché !
Mais à présent, tout doit être dévoilé !
Il est temps que les hommes révisent leurs jugements, et retournent s'abreuver aux sources premières !
Tant de sources, empoisonnées ont détourné les hommes de la juste vision !
Tant de profanations et de sacrilèges ont été commis, au nom même de l'amour !
La femme a été abaissée, foulée aux pieds par les orgueilleux ! Hommes ! Révisez vos livres mensongers, vos livres traduits par des ignorants, vos catéchismes dogmatiques et étroits, et vos bibles tronquées qui ont fait tant de mal ! Réétudiez les livres originaux, les traditions, remontez aux sources, et abreuvez-vous aux eaux pures de la Vérité !

L'Ere de la Femme

Oui, le monde sera sauvé par la Femme !
Le portail de son ère s'ouvre chaque jour davantage, et les mystères seront révélés, apportant avec eux comme dans les temps anciens, l'Age d'Or et son ciel plus serein.
Paix aux hommes de bonne-volonté !

L'Homme et la Femme, le Partage

L'homme a lui-même fermé le livre des mystères en éloignant la femme de la Source de Vie.

Il s'est puni lui-même.
Mais désormais, il verra sa grandeur partagée avec celle qu'il a osé rejeter.
La Mère oublie et pardonne à tous ses enfants, Elle partage avec tous, les trésors familiaux.

Le Rôle de la Mère

Le monde est vieux, mais l'homme quitte à peine son enfance.
Comme un enfant sans pitié, il massacre et détruit pour se tailler une place, pour se couronner !
Chaque jour il renouvelle cette même destruction, mais la Mère, plus âgée, l'éveille à la conscience de ses erreurs.
Vraiment, il est beau, grand et noble le rôle de la Mère !

La Fonction du Cœur

La suprême fonction du cœur, c'est d'aimer !
Mais lorsque l'énergie de l'amour est sous tension, par l'accumulation des forces vitales, elle s'élève vers le cerveau et réagit à son impact.
C'est la raison pour laquelle il est nécessaire de garder ses pensées pures, désintéressées, et les diriger vers le monde et ses besoins !
L'énergie de l'amour peut rencontrer des obstacles dans son expansion lorsqu'elle est dirigée vers ce qui est inférieur.
Mais lorsqu'elle est dirigée vers le haut, vers le noble, elle s'écoule librement par le canal de la pensée créatrice.
Elle régénère les hommes, elle en fait des Fils de Dieu, par l'énergie de l'amour, l'homme devient le maître de son royaume !

Les Deux Formes de Rituel

Le rituel est de deux sortes :
L'un procède du Père et donne Sa force positive, l'autre procède du Fils et donne Sa force de réalisation.
Celui qui dépasse le stade inférieur et qui peut diriger consciemment ses énergies, celui-là peut aider dans les deux formes de rituel.

Vers la Demeure du Père

L'enfant se dirige du centre vers la circonférence, mais le fils aîné va au centre, vers la demeure du Père.

C'est pourquoi il vous est demandé d'être sobres dans vos pensées, dans vos paroles, dans vos actes, et de connaître la réelle valeur de la synthèse.
Tandis que vous vous enivrez des effluves de la personnalité, et que vous vous laissez submerger par elles, le Père attend votre retour...
Vous trouverez le Père, Sa vibration, Son rythme, dans Sa demeure silencieuse.
Il est le Père-Mère, la synthèse universelle, et par-delà le Verbe, Il contient les semences du pouvoir.
Il contient le Fils, Il contient le devenir !
Cessez d'appartenir au monde pour pouvoir aider le monde !
Rentrez en vous même, dans le silence de votre être !
Revenez à la demeure du Père !

Le Père

Le Verbe doit mourir pour trouver son Père !
Sachez écouter !
Que vos paroles portent la force de la synthèse !
Il est difficile de bien parler et de le faire à bon escient, c'est pourquoi, du Père et du Fils, le Père est le plus grand !
Le Père a l'esprit et le cœur ouverts pour écouter, pour comprendre, pour pardonner.
Il est esprit et cœur — Père-Mère — et Il crée, par Son énergie, dans Sa propre substance.

La Voie de la Demeure du Père

La concentration est le rassemblement des forces et des énergies qui permet de trouver et de suivre la Voie de la demeure du Père.
La méditation permet réellement au Fils prodigue de revenir chez son Père.
Elle est la joie de la réconciliation !
Elle est la réunion de l'âme et de l'esprit !
Elle favorise la réalisation des justes valeurs !
Elle permet la renonciation au monde et à ses œuvres !
Elle facilite la prise de conscience de ses responsabilités !
L'illumination donne accès à la prise de possession du trésor familial, de son pouvoir et de sa force.
Elle permet la prise de conscience de l'Unité !
Elle amène tous les fils des hommes au Centre !

Les images, les couleurs et les sons, ne sont que des flèches vous indiquant le but.

Suivez ces flèches et ne vous attardez pas en chemin !

Le but est bien plus près que vous ne le pensez, l'Illumination du Bouddha plane au-dessus de vous !

Le violet (bleu et rouge) couleur de l'espace pur, contient les germes de l'immanence et de la transcendance.

Il est la durée, et sa mesure, le temps ! Il est l'éternité et l'immortalité ! Il pénètre chaque chose ! Etant Père-Mère, il donne la vie à chaque chose !

Le blanc procède des deux.

Le blanc est triple et génère l'arc-en-ciel des couleurs.

Le blanc est androgyne.

Lorsqu'il se « souvient » du Père, il devient l'amour actif (rose).

Lorsqu'il se « souvient » de la Mère, il fournit la substance pour la création du monde et de toutes ses formes.

Ainsi, tout procède du divin Père-Mère.

Lorsque le blanc se « souvient » de son Père et de sa Mère, et qu'il est adombré par leurs couleurs, il devient la Fille, la merveille des merveilles, l'absorbante absorbée, la passive fécondée, la Mère, la perle, l'expression totale de la Pensée Divine qui engendre les Trois, puis les Sept.

Elle est la vie et l'expression de la vie, elle est le fils et la fille du Divin, la cellule une, contenant le tout et exprimant l'Unité.

Par la Fille on atteint le Fils, par le Fils on atteint le Père-mère indivisible, l'origine suprême du Tout, le réel, l'immortalité.

Le noir est l'aspect opposé de la transcendance.

Entre le noir et le violet, il n'y a que l'espace d'un rayon de soleil.

Mais « l'habit ne fait pas le moine », l'habit n'est qu'un symbole !

Le noir, le violet, le rayon du soleil, se trouvent réunis tous les trois dans le cœur.

Voyez-vous la différence qui existe entre Brahma et Kâli la vierge à la face noire ?

Durga, Kâli, la Vierge Noire, Tara sont un seul aspect de l'Eternel Féminin.

Durga est la puissance, la shakti de la volonté, Son énergie éveille l'or en puissance chez les dieux, Elle les rend pères de la création.
L'énergie argentée émise par Durga, à l'instar de la lune, filtre les rayons du soleil et les rend puissants et féconds dans les quatre saisons de l'année et les quatre stages de la vie.
Durga voile la face trop brillante du soleil aux yeux malades des humains, pour leur donner leur propre illumination intérieure.
Sans Sa Shakti, le Dieu ne peut ni régler ni diriger Son énergie.
Durga ! Shakti de la volonté, oui, Tu inspires, Tu es une avec Brahma !

Prêtres et prêtresses

Couper le gui avec la serpe d'or...
Consacrer le pain et le vin...
Marier l'eau et le feu...
Tout cela est le symbole de l'union entre l'âme et l'esprit, l'union de l'humain avec le Divin !
Druides et Druidesses, Prêtres et Prêtresses, sont les représentants de l'âme asexuée et illuminée !
La Mère du Monde lave Sa face couverte de boue par les humains !
Kâli à la face noire, Vierge à la face noire, oui, Tu émergeras dans l'époque de Maitreya !
Et lorsque les hommes comprendront qu'ils ont souillé Ton divin Visage, ils recouperont le gui avec les serpes d'or, ils reconsacreront le pain et le vin, ils remarieront l'eau et le feu, avec la conscience éveillée de l'humain devenu Divin.

L'Eveil de Tara

Maitreya lave la face de Kâli pour en faire Sa Tara !
Oh ! La beauté de l'âme éveillée !
Oh ! La splendeur de l'acte d'humilité !
Oh ! La magnificence de l'époque de Maitreya qui s'ouvre devant les yeux avides de réalisation !
Oh ! La puissance de l'époque de Maitreya qui ferme la porte à l'ère des poissons qui ne peuvent plus supporter la lumière du jour, ni ne peuvent voler par dessus les montagnes !

O Tara, éveille-toi dans le temple de la nature, et, sous le baiser du Prince, que Ton Ame s'éveille au rayon de l'esprit qui brille et veut allumer Ta torche !
Déjà nous percevons Ta face sombre s'éclairer du sourire de la joie, nous voyons naître l'intelligence dans la bonté du cœur !

La Synthèse des Vingt-et-Un

Lorsqu'on connaît les vingt-et-un, leurs trois synthèses et l'unique synthèse, on tient en mains les clés du royaume dont on peut devenir le roi, le roi qui pénètre dans le monde nouveau, pour y exercer son pouvoir.
Le trois ouvre à volonté la porte du royaume, le trois ouvre le chemin d'or vers le lotus qui se mire dans les eaux pures de la source, par-delà le sable fin de la plage déserte...
Le trois qui, au-dessus de la mer calme, immense, caresse de ses flots les pieds de la haute montagne, le pays conquis, le ciel de demain...
Alors seulement, la main devient le sceptre et peut bénir et rendre justice !

Purification

Purifie-toi de tout ce qui est vain et faux afin que lorsque ton soleil apparaîtra en toi il ne fasse germer que les bonnes semences que tu as déjà semées.
Prends garde de laisser fleurir dans ton jardin les fleurs de l'envie, de la colère, de l'orgueil et du vice.
Les mauvais germes croissent plus rapidement que les bons !
Fais une belle gerbe avec les fleurs de ta personnalité et de ton âme, mais ne t'attarde pas à les contempler...
Soit prêt à subir le gel et la destruction lorsque viendra l'hiver !
Sache que dans la semence de la terre se trouvent les germes de la résurrection !
Rien ne peut te troubler, tu es ton propre maître !
La plus grande bénédiction pour tes yeux aveugles d'homme, c'est de percevoir en toi, l'or de ton égo solaire, où se reflète le bleu profond de Vénus !
Soulève en toi le voile (Vulvain) qui cache ton soleil, il te dira alors le secret de son union avec l'esprit qui est

le cœur du Soleil Spirituel Central, l'orange, la fusion du rouge et du jaune.

Conscience Planétaire

Il ne suffit pas d'avoir la conscience de certains aspects planétaires, il faut avoir la conscience de la planète comme un tout, comme un être vivant, pensant et sensible.
La Terre vit de sa propre vie physique, elle sent par sa vie émotive constituée par les émotions et sensations de tous les règnes. Elle pense par les cerveaux des hommes conjugués en une seule force.
Ainsi, chaque être humain n'est qu'une cellule dans ce corps immense. Votre force, vos énergies sont sa forme, son énergie.
Tous les disciples doivent prendre conscience de la vie une de la planète, et dépasser les données de la science par l'étude de l'occultisme qui ouvre une porte nouvelle vers des facultés plus grandes.
Les hommes agrandissent la branche verticale de la Croix. Aujourd'hui la branche horizontale doit s'affermir, elle doit rétablir l'équilibre menacé de la planète.
Les cerveux surdéveloppés tuent l'expansion de la branche horizontale...
Ils créent le scepticisme, le doute, la critique, la séparativité... L'occultisme et le mysticisme forment les deux bras de la croix, leur activité conjuguée actionne la Svastika, et ceci, en l'homme, donne l'équilibre indispensable à la formation du Saint, du Sage, du Héros et du Magicien Blanc.
L'amour humain, élevé et sublimé sur les deux bras de la Croix, ressuscite en son cœur, lorsque tourne la Svastika...
Le principe de l'immortalité dépasse encore de beaucoup l'entendement humain !

Le Disciple

Nos disciples peuvent être jeunes ou vieux, ils se reconnaissent par l'esprit de service né de la connaissance, par la compassion, par la protection de tout ce qui vit, et par le détachement des choses, des us et coutumes du monde ordinaire.
Le disciple sert le monde avant de chercher son propre bonheur, mais en servant le monde, le disciple trouve son vrai bonheur.

Communion avec l'Infini

Pourquoi ne pas profiter de vos moments de tension intérieure pour lire en votre âme, et en connaître sa force et sa puissance ?
Pourquoi ne pas puiser dans la capacité de votre cerveau ce qui ne peut se dévoiler que grâce à la tension de votre âme ouverte à ce moment-là à la toute puissance créatrice ?
Profitez des périodes de pleine lune pour vous rapprocher de votre Instructeur, de la Hiérarchie.
Lorsque vous veillez, tendus, prêts à capter les Messages de l'Infini, les Guides de l'humanité peuvent vous éclairer et vous inspirer.
Qu'attendez-vous pour communier avec l'Infini ?
Chaque perception nouvelle est un pas en avant de la conscience, le génie créateur ne peut s'exprimer que dans la liberté !
La liberté peut jeter les yeux dans l'Infini et prendre conscience de chacune de ses parcelles, l'anarchie au contraire détruit systématiquement tout ce qui se rapporte à l'harmonie.
Ainsi, dans la liberté se trouve le respect du Plan de la Création, et le respect de « l'inconnu » qui se révèle dans la conscience humaine évolutive.
Toute destruction n'ayant pas pour fondement d'ériger les bases d'une reconstruction plus utile, est un acte hautement négatif !

Libération

Les liens qui vous attachent aux êtres et aux choses, enchaînent votre âme et votre personnalité.
Ils doivent, quand le temps est venu, se détacher, puis, dans la souffrance, se rattacher à la longue chaîne qui lie tous les hommes dans leur essence.
La libération ne peut s'obtenir autrement !
A quoi pourraient bien servir les liens non utilisés, sinon à laisser libres les fauves de l'orgueil, du vice, de la séparativité.
Le service de l'humanité est le véritable lien entre les hommes ; ce service permet l'élévation de tous les règnes inférieurs.
Servir l'humanité c'est rejeter les masques de la lâcheté, de la fausseté, de la calomnie, de l'égoïsme et du profit personnel !

Que ceci ouvre les yeux des rêveurs et des paresseux qui se confinent dans l'isolement et l'orgueil séparateur, et qui se contentent d'émettre des théories qu'ils ne pratiquent pas eux-mêmes.

Immortalité

La vie est immortelle, chaque obstacle que vous placez sur votre chemin et qui empêche son écoulement et son expansion, est une erreur, une faute.
La vie est lutte continuelle pour tout et pour tous, depuis l'humble atome jusqu'au cosmos lui-même.
Le repos n'a place nulle part, car même dans la mort se trouve le germe d'une autre vie.
Comment définir l'immortalité sinon comme « la prise de conscience sans cesse renouvelée de chaque parcelle de vie » ?

Réalisation et Tension

Dans les moments de tension extrême, toutes les possibilités s'unissent et convergent vers le but.
Il en est de même pour les individus et pour les nations.
Les moments de tension sont une bénédiction pour la réalisation du Plan !
Quand la pression exercée par l'âme est vaillamment supportée, elle détruit les tendances à la dispersion, à l'inconstance et aux rêves.
La tension est à l'avant-plan de toute réalisation !

Vigilance

La noblesse se trouve-t-elle dans la paix ou dans la guerre ?
Bien sûr, vous répondrez la paix !
Mais qu'appelez-vous paix ?
La paix comme la guerre peut être un moyen de destruction et de mort !
Les yeux de l'esprit et du cœur doivent toujours être ouverts à la vigilance, afin que l'ennemi ne profite pas de votre sommeil, ni de votre propre obscurité et ignorance, pour venir semer l'ivraie dans votre champ !
Mais cependant, si, las, vous vous êtes endormi et que l'œuvre de destruction a été accomplie, en vérité, lors de votre réveil, sonnez l'alarme, rassemblez toutes vos forces, et enrôlez-vous sous la bannière de l'action.

Le sacrifice doit être le mot d'ordre de marche et de progression !
Le Héros arrache et brûle l'ivraie...
Vous pouvez tous être des Héros qui tracent la voie aux Sages et aux Saints.
Mais souvenez-vous que dans la bataille, même le Sage et le Saint doivent être des Héros !
La paix est irréalisable sans la vigilance.

Parole et silence

La parole est l'arme la plus dangereuse donnée aux humains. Qu'en font-ils ?
Un seul « Mot » a créé l'univers ! Voyez sa puissance !
Chaque parole ne portant pas la marque de la Création est comme un flot destructeur qui ronge même le roc. Elle est aussi une mare empoisonnée où se cachent les nids de vipères.
Par la force de sa volonté, l'homme est capable, à partir d'un torrent, de tracer des canaux irrigateurs qui revitaliseront les déserts et les plaines arides.
C'est pour cela que très souvent, il vaut mieux se taire, et, dans le silence, penser à la Création, et semer les germes du Bien.
Ne gaspillez pas les énergies qui vous sont données.

La Quatrième Dimension
(expérience de la récipiendaire)

Dans ma chambre il m'est arrivé cette expérience : mes yeux étaient fermés mais mon œil intérieur ouvert, et soudain j'eus l'impression de me trouver dans l'Espace — noir-violet —, à peine éclairé. Et je regardai par l'œil de l'âme, l'intérieur de ma tête devenue espace.
Dans ma tête, des milliers de points lumineux de couleurs variées et à peine perceptibles scientillaient. Je fixai l'un deux et en fis un véhicule pour ma prospection de l'espace. Grâce à lui, je visitai d'abord l'appartement triangulaire de ma tête, puis, me plaçant au centre du triangle, je m'élevai dans l'espace. Tout d'abord, je survolai de très hautes montagnes éclairées comme en plein jour. Puis, l'obscurité revint. Je suivis une flèche violette pointée vers le bas qui m'indiquait le cœur. A partir du triangle du cerveau et jusqu'à la pointe du cœur, il se forma une tétraktis. J'essayai de faire descendre un « point » dans lequel j'aurais voulu

encore poursuivre mon voyage. Il descendit et se fixa dans le cœur d'où il éclaira ma colonne vertébrale jusqu'à la base.

Avis de l'Instructeur

Entrer dans un « point » et en prendre conscience, c'est accéder à la quatrième dimension qui permet de voir en même temps, à travers le point central et la circonférence, et à travers la nouvelle dimension des êtres et des choses. Par ce point on peut voyager dans l'espace en se fondant, en se dématérialisant dans la substance éthérique qui devient le véhicule de l'infini.

Par ce « déplacement » sur les plans subtils on peut se dématérialiser et se rematérialiser là où l'on veut.

Pense à cela et applique-le.

Dépression et Etat Passif

Il ne faut pas confondre les mots « dépression » et passivité. L'état passif est parfois indispensable pour condenser certains atomes et les amener à un état de réceptivité ultérieur. Le secret consiste à comprendre et à supporter « l'état passif » qui dans ce cas, et sur une autre dimension, est un « état actif ».

Mais il ne faut pas sombrer à ce moment-là dans la dépression. L'état passif décrit ici, doit préfigurer l'éveil.

Pouvoir de la pensée

Par les ailes de la pensée, par la créativité de l'imagination, l'homme peut se transformer en aigle, et s'envoler audessus des montagnes.

Par la pensée et l'imagination, l'homme peut devenir l'œil de l'aigle et du haut des rochers voir le miracle du ciel et de la terre, et enfin, il peut prendre conscience de la vision elle-même et s'unir au Maître de la Création.

La pensée éveille l'imagination et la fait devenir réalité.

Grandeur et Noblesse

« Voir grand, voir haut, voir noble », j'ai donné ce conseil à la nature humaine pour qu'elle puisse toucher à l'infini. Mais dans l'infini, la grandeur se résume en un point, un simple grain de sable...

La hauteur est signe d'infini...

La noblesse manifeste la radiance...

Oui, l'homme peut à la fois contempler et être l'infini !

Le Cœur de la Mère du Monde

Chaque pensée humaine est, en son essence, un point lumineux dans le cœur immense de la Mère du Monde.
Est-il possible de trouver l'essence du Bien dans la pensée des hommes ?
Comment ne pourrait-il pas exister de mal cosmique ?
Le cœur de la Mère du Monde est vaste, il purifie et régénère le mal causé par les humains.
En vérité, l'ignorance domine encore !
Et ceux qui retardent l'Evolution de la Lumière sont pires que les criminels !
Heureusement, la majeure partie de la haine, de la passion et du mal n'atteignent pas le cœur de la Mère du Monde.
Le mal commis par les humains se retourne contre eux, multiplié par toutes les forces astrales !
Comprenez-vous pourquoi tant de calamités se déversent sur la terre ?
Voir et sentir en soi le cœur de la Mère du Monde, donne une puissance d'élévation infinie !

Intellectualisme et simplicité

Quel flot constant de pensées médiocres, vaines et inutiles s'échappe des cerveaux humains !
Comment pourrait-on croire et admettre la simplicité lorsque l'intellectualisme fait taire l'impulsion du cœur ?
Oui la petite fille qui joue à la poupée est bien plus près du ciel bleu que l'intellectuel qui, le cerveau surchargé par ses propres œuvres, ne peut s'ouvrir à la puissance d'en Haut.
Les mages noirs sont puissants auprès de tels cerveaux et ils peuvent se cacher sous bien des traits et bien des aspects humains !

Pouvoirs Supranormaux

Les pouvoirs supranormaux augmenteront en quantité et en qualité au fur et à mesure de l'évolution des hommes.
Au fur et à mesure que le retour aux Sources s'effectuera.
Ces pouvoirs ne sont, sur le plan spirituel, que la contrepartie des pouvoirs propres aux sens ordinaires des hommes.
Ne condamnez jamais les pouvoirs ni ceux qui les détiennent, êtes-vous à même de pouvoir juger ?

Si au contraire vous avez quelque doute sur la moralité de ceux qui les détiennent, essayez d'élever ou de redresser en eux la conscience étroite qui les maintient dans les affres du profit personnel, au détriment du Bien Général pour lesquels ils sont donnés.

La Noo-Sphère et l'Elan du Cœur

Peu de cerveaux humains actuellement peuvent comprendre et sont à même de s'élever en conscience jusqu'à la noosphère *.

Le cœur le plus simple peut, d'un élan, s'élever jusqu'au cœur de la Mère du Monde.

La terre a besoin de tous les hommes, grands et petits, tous contribuent au fonctionnement du tout.

Un grain de sable peut dérégler une horloge terrestre ; le doute, la méfiance, la trahison, la complaisance, peuvent enrayer l'évolution de la Force du Bien.

La terre elle-même vous demande de lui donner l'énergie du cœur— la Tara de préservation.

L'élan du cœur est vital pour la planète comme pour le cosmos.

Le Cœur de la Future Race

En prenant conscience du cœur bleu, l'homme participe consciemment à la grande circulation magnétique et lumineuse de la terre, nourrie elle-même par le sang de la vie.

C'est grâce à ce champ électrique que l'on communie avec tous et avec le Tout.

Le cœur bleu de la Mère du Monde bat en vous lorsque par le centre ajna vous le mettez en mouvement.

Le ciel de la Mère du Monde s'illumine lorsque vous avez la faculté d'unir votre cœur à Son cœur.

A ce moment là, vous reliez deux mondes en vous, l'inférieur au supérieur, vous reliez le fini à l'infini !

Le sang qui irrigue le cœur de la Mère du Monde est représenté par la « lumière astrale » ; cette lumière vous indique l'Infini, l'Immensité, le Tout, et elle vous fait participer à ses trésors.

Tel est le cœur de la future race !

---

* L'Ame de la Terre décrite par Pierre Teilhard de Chardin.

La Beauté, Fondement du Monde Nouveau

Vous vous demandez sur quelles bases seront posées les pierres du monde nouveau ?

J'ai parlé de la beauté !

Communier avec la beauté c'est s'ouvrir à l'infini, c'est se fondre dans l'unité, c'est cimenter une pierre dans le nouvel édifice, c'est avoir l'entrée dans la noo-sphère !

Dans la beauté résonne le chant de la création, dans la beauté brille l'arc-en-ciel, dans la beauté se manifeste le pouvoir du Logos, dans la beauté se déverse le filtre de l'immortalité !

Goûtez à ce filtre...

Vivez dans la joie de créer et de communier avec la beauté !

Conférences Types de la Nouvelle Ere

Pourquoi tant de longs discours ?

Pourquoi saturer les âmes et les consciences avec des mots saturés eux-mêmes d'énergies du passé ?

Pourquoi se perdre et perdre les autres dans les dédales d'un cerveau tourmenté ou exalté par l'orgueil ?

Des mots choisis, vitalisés et magnétisés par l'énergie du cœur, peuvent être donnés en tant que germes dans la conscience des hommes.

La synthèse renferme toutes les énergies en puissance, et ce sont ces énergies qu'il vous faut éveiller dans les auditeurs.

Une conférence constructive doit ramener les esprits vers le centre, vers la synthèse qui renferme toutes les énergies.

Elle doit être préparée soigneusement, et chacun de ses mots doit être porteur de l'énergie de la synthèse.

Elle doit être un rite que l'on prépare en silence, puis elle doit être le sacrement distribué religieusement.

Le silence doit être son alpha et son oméga.

Le silence, le rite et le sacrement constituent son triangle de force.

Le silence du Père donne l'énergie de la transcendance, le verbe qui s'exprime donne l'immanence, le recueillement absorbe et permet de comprendre.

Parlez moins, comprenez et réalisez davantage !

Ténèbres et Lumière

Lumière et ténèbres ne sont pas antagonistes, mais complémentaires.
Les ténèbres ne prennent conscience d'elles-mêmes qu'en rentrant dans Cela.
En Cela, lumière et ténèbres sont Un.
Elles sont l'électricité et le magnétisme du courant de la vie, elles sont le sang unique de Cela dans sa manifestation.

Imagination Créatrice

L'imagination est un élément d'élévation et de création aussi bien dans le domaine scientifique que dans le domaine spirituel.
L'imagination ouvre les portes du monde nouveau dans lequel un jour, nous devrons tous évoluer.
L'imagination appelle des éléments invisibles et efficaces pour construire les anneaux manquants et pour les souder.
Il faut inculquer et développer l'imagination chez les enfants pour les aider à comprendre et à réaliser la Vie.
L'imagination donne l'envol au génie.
Les légendes et les mythes sont des stations d'étude où l'on peut puiser des indications pour les prochaines étapes, et l'imagination crée les possibilités.

La Vision de l'Enfant

La révolution intellectuelle et analytique du temps présent s'écroule devant les simples perceptions des vrais voyants, devant les perceptions de l'intuitif, devant les réalisations du sténographe spirituel, devant le génie et l'expression de l'artiste.
Faut-il que la science prolonge ses expériences dans l'occultisme ?
Faut-il qu'elle retourne fouiller dans les archives des âges passés ?
Faut-il qu'elle redécouvre la signification des hiéroglyphes ésotériques ?
Faut-il qu'elle se permée de l'énergie psychique pour guérir son cancer mental ?
Combien belle est la simplicité de l'enfant !
Combien grande est sa vision éthérée !
Combien simple est son approche du mystérieux, de l'invisible, où il découvre les anges, les fées et les esprits de la nature !

Scientifiquement il est reconnu que les sens humains sont limités. Faut-il recourir à l'étude de la Sagesse Antique pour redécouvrir ce qui a été perdu ?
Pour revoir ce qui a été caché par le voile de l'ignorance ?
Le cerveau critique doit pouvoir se taire pour que les ailes de l'âme puissent grandir et élever l'homme jusqu'au surhomme !

Les Constructeurs

Oui, les constructeurs connaissent la nature intime et profonde de l'homme, oui, le corps humain illuminé par les feux intérieurs est une cathédrale.
En vérité, chaque homme est un constructeur, mais le sait-il ?
Peut-il sortir de ses limitations intérieures et extérieures ?
Peut-il prendre conscience de l'horizon infini de la connaissance infinie ?
Ose-t-il poser la première pierre gravée du mot « vouloir » ?
Peut-il dans le silence écouter la voix du Grand Architecte ?
Du dieu Créateur de toutes formes et de toute beauté ?
Alors l'homme voit et comprend sa propre cathédrale !
Au centre du triangle majeur brille la lampe de la présence.
L'autel frontal communiquant avec la porte d'entrée, montre l'or-fruit de la transmutation des espèces humaines.
L'homme devrait comprendre la valeur des symboles, il devrait en appliquer la signification dans sa vie.
La glorification de la Vie ne peut s'inscrire sur les pages du temps que si l'on a découvert et inscrit en soi le message des Sept Sceaux secrets !

L'Apocalypse et les Sept Sceaux

L'apocalypse ne concerne que la matière.
L'ascension et la glorification concernent l'âme et l'esprit.
Où commence l'état d'être de la matière ?
« Au commencement était le Verbe... » !
Les sens physiques perçoivent les objets physiques, les sens de l'âme pressentent les objets de l'âme, les sens de l'esprit appréhendent les choses de l'esprit.
Le sceau de l'apocalypse a été ouvert sur la terre par l'explosion atomique, la fission de l'atome !
Il faudrait que vous trouviez le rapport et la correspondance entre l'ouverture de ce sceau sur la terre et le premier sceau humain (le pouvoir sexuel), vous le connaissez et

vous devez le dépasser pour conduire à l'ouverture du deuxième sceau (astral ou psychique).
Cette deuxième ouverture permet à l'homme d'entrer dans l'âge de l'espace et dans ses secrets.
L'ouverture du deuxième sceau accélèrera l'ouverture des cinq autres et libérera de plus grands secrets, de plus grandes énergies !

Maîtrise des énergies

Votre méditation devrait porter davantage sur les énergies que sur les mots.
Les mots diluent les énergies et les rendent inefficaces.
La prise de conscience des énergies est à la base de la volonté.
Diriger les énergies, c'est façonner la volonté !
Commander aux énergies, c'est maîtriser la nature et ses lois !

Solidarité de la Famille Humaine

De quel droit vous croyez-vous supérieur aux autres ?
Votre frère est ignorant par votre propre ignorance, il est lâche par votre propre lâcheté, il est cruel par votre propre cruauté, il est injuste par votre propre injustice !
Votre frère est un criminel à cause des désirs et des pensées que vous émettez consciemment ou non, et qui arment sa main trop faible !
En quoi êtes-vous supérieur à lui ? Ne vous récriez pas !
En vérité, seul est absout celui qui peut s'agenouiller et accepter comme sien, le fardeau de chacun de ses frères, le fardeau qui accable l'humanité.
La famille humaine est une, et son Père est toute justice.
Ne regardez pas les erreurs de votre voisin, cherchez ce qui manque en vous et améliorez-vous.
Votre voisin en bénéficiera.
Le monde entier en bénéficiera.
Chacun est solidaire.

Péril de l'Irritation

Pendant vos moments d'irritation l'esprit du mal pénètre en vous et y jette ses semences, et vous vous surprenez à souhaiter du mal, à construire et consolider la tension vis-à-vis de vos proches.
J'ai insisté sur la purification de la pensée et du cœur !

Détruisez en vous le germe du mal dès son apparition, ne lui permettez pas de grandir et de frapper les vôtres !
Les flèches empoisonnées que vous envoyez peuvent aussi blesser, elles peuvent démolir votre forteresse, et parfois les démolitions se transforment en ruines...
Dès que vous vous surprenez à penser, à souhaiter nuire, effacez-le immédiatement par un jet de tendresse.
Mais que de tendresse faut-il pouvoir donner pour que ne subsiste aucune trace d'envie, de médisance et de calomnie !
Le cœur seul peut réparer les erreurs et consolider les bases du Bien Commun.
Vous savez que dans les moments de tension se trouvent les plus grandes possibilités. Dans ces moments, rentrez en vous-même et vivez au sommet de votre être, car l'ennemi pourrait profiter de ces moments extraordinaires de germination pour y déposer les semences de l'ivraie.
Conservez Mon Image en vous, alors aucun mal ne peut vous atteindre !
Ceci est la première défaite de l'ennemi.

Réalisation et Créativité

Beaucoup d'entre vous désirent réaliser de grandes choses, mais comment pourraient-ils les entreprendre, les vitaliser, les faire fructifier et les mener à bien s'ils ne connaissent pas la valeur des énergies ?
Réfléchissez à ceci avant de vouloir utiliser des énergies physiques, psychiques, spirituelles, alors que vous n'en connaissez pas l'emploi.
Tous possèdent ces énergies. Apprenez à les maîtriser, à les employer dans toute créativité.

Education de l'Enfant

La sensibilité de l'enfant est l'expression même de sa pureté ; veillez à ne jamais la détruire.
Au contraire, développez-la et élevez-la avec l'énergie de votre propre cœur.
Nourrissez-la avec le merveilleux.
Exaltez-la avec solennité.
Ainsi l'enfant deviendra un instrument sensible, prêt à vibrer à la Musique des Sphères, prêt à répondre aux influences invisibles des Forces du Bien.

La Mère et l'Enfant

Quel est le réel voyant ou occultiste intéressé aux besoins du monde, qui pourrait éveiller les futures mères à leur nouveau rôle, à leur responsabilité vis-à-vis de l'enfant qui va naître ?

La première éducation de l'enfant doit se faire dans le sein de sa mère, avant sa naissance dans le monde.

Beaucoup de maux seraient évités si la future maman pouvait aider la nature en prenant sous son contrôle les diverses énergies qui façonnent l'embryon.

L'enfant alors porterait les marques du génie !

Une école spécialisée en ce sens marquera plus tard la Nouvelle Epoque.

L'Epoque de l'Espace et sa Responsabilité

Il est plus dangereux encore de jouer avec les Energies que de jouer avec des armes à feu chargées.

Mais à l'époque de l'Espace, peut-on encore se bercer avec des mots ? Peut-on encore croire aveuglément n'importe qui ? Peut-on encore subir passivement les lois, les ordres, les dogmes des totalitaires ?

Nous disons : Non !

L'époque de l'espace est une aventure dangereuse. Elle est une découverte et une mise en pratique d'un secret décelé.

Le savoir comme l'ignorance peut faire éclater les pires catastrophes et menacer l'existence de la planète et de ses habitants. Il suffit d'une goutte d'eau pour faire déborder une coupe. Mais la pire ignorance est la complaisance de l'être dans ses limitations.

L'évolution doit progresser dans et par le bien !

Pour ceux qui se complaisent dans l'ignorance, les catastrophes sont inévitables !

Chacun est solidaire des autres !

Réveil de l'Enfant et Education du Cœur

Avez-vous noté l'importance d'un bon ou d'un mauvais réveil chez l'enfant, et combien il agit sur son humeur, son activité, son caractère ?

Autrefois on enseignait aux enfants l'importance de la première pensée, l'importance de la prière matinale. La bénédiction et la protection Céleste marquaient leur lever, et toute la journée, pour eux, était une suite à cette prière.

De nos jours on n'attache plus d'importance à la solennité, et les parents et éducateurs s'étonnent du manque de respect !
Faut-il en chercher là une des causes principales ?
Le réveil des enfants se fait le plus souvent par le réveil-matin ou par la voix impérieuse des parents.
Qui pourrait dire l'importance de l'énergie du cœur maternel qui peut soulever aussi bien l'âme que le cœur de l'enfant, et peut l'introduire dignement dans la puissance du jour ?
La douceur maternelle s'éteint lentement, étouffée par le matérialisme qui est la marque du temps présent.
Cependant, la future maman, ouverte aux Energies Célestes, peut capter cette tendresse lorsqu'elle trouve une main sûre qui peut la diriger vers sa responsabilité et ses devoirs.
De nos jours l'éducation du cœur est plus vitale que l'éducation mentale, l'éducation du cerveau.
C'est dans la jeune maman que se trouve le germe du Futur !

Education du Cœur

Mes Messages sont brefs car ils véhiculent une énergie puissante ! Il vous appartient, à vous lecteurs, de les étudier et les faire vôtres. Il vous appartient de propager l'enseignement de l'éducation du cœur.
Vous serez vous-mêmes étonnés des résultats, et vous serez les premiers à bénéficier de l'expérience.
On dépense tant d'argent pour trouver les bases de l'éducation nouvelle, alors qu'on néglige d'étudier le premier et le dernier concept...
Oui, le cœur détient encore bien des secrets qu'il peut livrer à la science. La nouvelle éducation doit être basée sur le Cœur.
Actuellement, J'invite les parents et les éducateurs à se pencher davantage sur le cœur que sur le cerveau, à se pencher davantage sur l'invisible que sur le visible, car l'enfant reste imprégné par l'invisible jusqu'à l'âge de cinq ou sept ans.
Je ne parle ni de philosophie ni de religion...
Je ne parle ni de superstition ni de fanatisme...
Je parle des Energies réelles qui, non contrôlées, changent les hommes en pions sur l'échiquier de la vie.

Les hommes ne sont ni des pions ni des fous, ils sont des agents et des représentants du Divin !

L'Appel vers les Hauteurs

S'il vous est demandé de vivre simplement et de ralentir votre rythme exagéré, s'il vous est demandé d'éviter les excitants ou les calmants qui ruinent votre santé, et qui provoquent les maladies d'une époque viciée par un mental et un psychisme malsains, c'est pour vous appeler vers les Hauteurs !

N'oubliez pas qu'il faut connaître et manifester ces Hauteurs pour devenir un Saint, un Sage, un Voyant, un Artiste !

Dans les couches inférieures du monde actuel, on ne peut voir que les basses manifestations de ces envolées.

Les prétendus « saints » et « sages » se manifestent bruyamment, les « héros » tremblent et reculent devant l'ennemi, le « voyant » trône sur les échoppes des foires, les « artistes » prostituent l'Art véritable !

C'est pourquoi, vous qui comprenez, vous êtes invité à une vie plus sage, plus utile et plus imprégnée de Beauté.

Les « Titres » et la Vérité

Les « titres » d'élève, de disciple et d'Arhat ne sont pas décernés comme les diplômes dans les mains des étudiants.

Ils sont établis directement d'âme à âme, de conscience à conscience, d'esprit à esprit, dans une relation étroite entre Instructeur et disciple, entre disciple et disciple, entre Akasha et cerveau.

En vérité, il y a plus de réels disciples, de réels initiés, qu'il n'y a de « titres » semblables décernés par les hommes...

Ceci n'est pas destiné à vous scandaliser, mais à ouvrir votre vue intérieure et votre conscience.

Passé, Futur, Eternel Présent

Le passé et le futur sont les globules du Sang de la Vie.

Si Nous vous demandons de vous orienter vers le futur c'est pour vous éviter l'anémie pernicieuse du passé qui détruit généralement en tous, l'esprit de créativité.

Le passé et le futur doivent s'unir dans le Rose de l'Amour, cet Eternel Présent qui « est » depuis le début des temps.

Détachement et Service

Comme le cordon ombilical reliant la mère et l'enfant doit en son temps être rompu, ainsi, par le détachement envers tout ce qui est inférieur, le fil reliant en l'homme les deux cœurs, doit être brisé.

Alors pulse pour la première fois le cœur Bleu qui chante l'hymne de gloire et de victoire.

L'âme humaine collective veut se joindre à l'Ame planétaire. L'homme a réellement contacté la Hiérarchie, et ensemble, Ils poursuivent le travail de rédemption de la planète.

Nous ne demandons à personne de se retirer du monde, mais si, lorsque la Sagesse couronnera votre front, et que se fera entendre en vous l'appel impérieux de votre âme, pourquoi alors, ne pas vous retirer quelque temps dans la solitude, et faire le point en vous entre l'inférieur et le supérieur ?

Peut-être alors choisirez-vous de vous retirer du monde pour mieux le bénir !

Mieux vaut nourrir le monde par l'expansion des Energies du Cœur et de la pensée, plutôt que de se cramponner à un passé qui est mort, ou d'encombrer les jeunes, en se croyant indispensable à eux.

Théorie et Pratique

Vous êtes tous remplis de crainte, mais votre âme, elle, cherche la Vérité !

Mais où et comment cherchez-vous la Vérité ?

Certes, l'aliment qui convient au mental et aux émotions n'est pas toujours celui qui peut nourrir votre âme.

Mais comment Nous ferez-vous entendre votre appel ?

Tant de directives et de clés vous ont déjà été données, les avez-vous saisies au passage ?

Nous cherchons sans cesse le cœur capable de battre au rythme du Cosmos...

Oui, de la théorie, osez passer à la pratique. Oui, osez ! Le vrai serviteur ne connaît pas la peur.

Faites entendre votre appel et Nous vous répondrons !

Et Notre Cœur se réjouira, parce qu'il sera augmenté par le vôtre.

Science du Cœur

La jeunesse sent la nécessité du développement de la Doctrine du Cœur.

Faut-il s'étonner si elle ne partage pas les idées des aînés, si elle s'absente des réunions dirigées par les « intellectuels », si elle déserte les lieux séparés par le fanatisme, les dogmes et autres concepts dépassés ?

La Science du Cœur doit être enseignée par ceux qui connaissent la valeur de l'Amour, par ceux qui vivent dans la Sagesse et l'Harmonie.

La jeunesse comprend la beauté et désire construire sa vie sur l'harmonie. La jeunesse, en son âme, réalise la signification de la Fraternité.

Un mot suffit pour éveiller sa conscience et son ardeur, mais un mot suffit pour détruire sa confiance envers les aînés et envers la vie.

Dans le cœur, et par le cœur, les jeunes sont vos amis, ils sont capables, par le cœur, de partager vos responsabilités.

Jeunesse et Enthousiasme

Vous ne comprenez pas la jeunesse parce que vous avez oublié ce qu'est l'enthousiasme, vous repoussez la jeunesse en faisant briller devant ses yeux votre savoir, votre intelligence, votre criticisme...

Vous effrayez la jeunesse parce que vous ne pouvez plus ni écouter ni apprendre...

Laissez donc la jeunesse libre de s'exprimer comme elle le désire. Que votre impatience ou votre irritation ne fournissent pas les épines sur lesquelles viennent se blesser ceux qui souhaiteraient votre avis.

Aux bavards et aux sots, opposez les pouvoirs du silence et du sourire ! Argumenter ne sert à rien !

Méditez longuement sur la jeunesse et son enthousiasme. Retrouvez en vous cette qualité et partagez-la joyeusement avec les jeunes.

Nous disons bien « joyeusement ». La Joie est le tonique de l'âme, elle stimule la créativité, elle est une panacée universelle, elle donne le terrain d'entente pour toutes les divergences.

Justice

Quand Nous parlons de Justice, il ne s'agit bien sur pas de celle des hommes.

La Justice est indiquée dans l'équilibre de la balance.

Trop souvent les hommes rendent la justice en déséquilibrant la balance. Dans le premier plateau se trouve le favoritisme, dans le second se trouvent les bonnes intentions...

Un doigt habile et corrompu peut facilement orienter les oscillations.

En vérité, le service de la cause, implique plus de détachement que de connaissance, plus d'impartialité que de flatterie, plus d'exaltation que de servitude.

Dieu (Cela) possède en Lui toutes les expressions au-delà de l'infiniment grand et de l'infiniment petit.

Vous êtes « une » de Ses expressions. Le réalisez-vous ?

Apprendre à Aimer

Oui, la science du cœur fera renaître l'Age d'Or. Etudiez-la et enseignez-la aux jeunes enfants.

Apprenez à l'enfant à aimer, à partager, à respecter toute vie, alors il deviendra un athlète, un géant du cœur. Apprenez-lui qu'il peut tout faire, qu'il est son propre maître. Apprenez-lui que par son cœur et sa pensée, il peut vaincre tous les obstacles.

Apprendre à être un Sage, un Héros, un Saint, c'est connaître tous les secrets du cœur, c'est pouvoir diriger sa pensée justement, c'est pouvoir collaborer à l'Oeuvre de la Création.

Le Deux en Un — l'Ere de Maitreya

Vous qui savez, qui comprenez et avez la foi, ne cessez pas de dire ici et partout qu'avant, — le Verbe, Fils de Dieu — était le Deux en Un.

« Au commencement était le Verbe... »

D'où peut naître le Fils, sinon du Père-Mère inconnaissable ?

L'inconnaissable en l'homme n'est-il pas le Sushumna ! Ida et Pingala réunis ?

Ne faut-il pas cette unité duelle pour atteindre le Nirvana ?

Bien sûr, on ne vous comprendra pas...

Vous serez critiqués, bafoués, traités d'ignorants et de menteurs, mais qu'importe, la Vérité est dans la simplicité.

L'orgueil humain est si décevant lorsqu'il croit en sa suprématie.
Tous Nos disciples doivent méditer longuement et partir ensuite vers la victoire avec l'emblème de la Mère du Monde.
Tous Nos disciples doivent exalter les qualités féminines et leur donner l'opportunité de s'exprimer.
Tous Nos disciples doivent tenir la tête haute devant les assauts de l'ennemi.
Tous Nos disciples doivent tuer le monstre de l'orgueil.
L'Age d'Or se manifestera par l'harmonie entre les pôles masculin et féminin.
L'atlantide à été détruite à cause du monstre de l'orgueil, mais ses restes se relèvent.
La civilisation pharaonique a péri par l'orgueil séparateur, mais ses cendres se raniment.
La civilisation actuelle se dresse comme un géant dangereux...
Faudra-t-il la détruire, elle aussi ?
Nous avons confiance dans les filles de la Mère du Monde, dans celles qui, inconscientes encore, mais humblement et silencieusement, attendent l'heure pour pouvoir manifester leur sagesse et leur grandeur.
L'Ere de Maitreya sera l'Ere de la Femme.
Que Nos disciples comprennent et qu'ils proclament cette vérité qui se réalisera dans un futur proche.
Faut-il répéter la parabole du figuier stérile ?
Faut-il répéter l'épithète de sépulcres blanchis à ceux qui nient l'égalité des Pôles dans l'Acte de la Création ?
Faut-il vous répéter, enfants que la fertilité dépend de l'union des Deux Pôles ?
Mais les enfants cherchent à savoir et à comprendre...
Que votre mental surchargé ne tue pas la simplicité en vous !
Nous vous parlons du Père-Mère Universel, duquel le Verbe Lui-même procède.

La Doctrine Falsifiée

J'ai prêché à la foule, J'ai enseigné les petits et les humbles, J'ai exalté Marie-Madeleine, J'ai reçu et béni les petits enfants et leurs mères.
Une seule femme m'a-t-elle renié ? M'a-t-elle torturé ?

Ma doctrine a été falsifiée dès le début par Mes proches successeurs qui n'ont pu comprendre que partiellement la Révélation.
Mais à celui qui lève l'épée pour frapper la femme, Je lui dis comme à Pierre : « celui qui se sert de l'épée périra par l'épée.

Rôle de l'Energie Psychique

Les leaders devraient savoir que trois possibilités émergent des conditions actuelles de la Terre.
— ou bien l'humanité peut périr totalement dans une explosion gigantesque,
— ou bien la race peut diminuer et s'éteindre dans la souffrance et l'idiotie, à travers les siècles à venir,
— ou bien elle peut développer l'énergie qui augmente l'intuition et la sagesse, et qui donne la clé et les secrets pour ouvrir sans danger la porte à la Nouvelle Race !
Nous parlons de l'énergie psychique ! Ceci a été dit maintes fois, vous l'avez lu et relu, mais y avez-vous fait attention ?
C'est pourquoi la femme doit avoir la possibilité d'ouvrir et de manifester son cœur et son intuition, et de donner la sagesse qui équilibrera le pôle masculin, guidé seulement par le cerveau.
Vivre pour la terre et ses habitants dépend de l'éveil et de la croissance de l'énergie psychique.
Vous appelez l'énergie psychique : « évolution émotionnelle », et vous avez raison, l'intelligence a trop souvent eu pour but premier la destruction, et l'idéalisme devait reconstruire par la beauté et la haute émotion.
Devant le danger nucléaire et l'inconstance des hommes, devant les toujours problématiques résultats des expériences diverses, ne faudrait-il pas dresser le bouclier protecteur de l'Energie Psychique ?

Le Vampirisme

Il faut dire que si le vampirisme a presque cessé sur le plan physique, il joue encore un rôle éminent sur les autres plans.
Tant de gens puisent l'énergie psychique afin de nourrir leur propre vitalité !
Tant de gens « vident » leur entourage pour nourrir leur orgueil mental et oratoire !

A ceux-là, opposez la radiation de la pure Lumière, et conservez ainsi dans votre cœur la réserve de l'énergie psychique indispensable pour votre santé physique, psychique et mentale.
S'il y avait moins de ces vampires, il y aurait un meilleur équilibre dans le monde, et il y aurait plus de résistance à toutes les maladies, et spécialement au cancer.

Eveil des Centres

Nous vous avons dit qu'il était possible de centrer votre conscience dans n'importe quelle partie de votre corps.
Nous vous avons dit aussi que vos centres pouvaient s'enflammer, et qu'il valait mieux supporter ces troubles plutôt que de prendre des drogues et des calmants.
Les glandes correspondant à ces centres peuvent s'enflammer, augmenter ou diminuer leurs secrétions.
Lorsque ceci vous arrive, fixez votre conscience au-dessus du centre malade, et fermez la porte des courants en n'y portant pas votre attention.
Souvenez-vous qu'un centre en cours de développement ou de tension est toujours douloureux, car avant de pouvoir fonctionner correctement il doit subir les périodes de purification et d'adaptation pour pouvoir ensuite effectuer son nouveau travail.

Pouvoir du Silence

Pourquoi les yogis s'imposent-ils de si longues périodes de silence allant parfois jusqu'à dix-huit ou vingt ans ?
Nous vous avons parlé du développement des centres !
La concentration de la pensée, la prise de position de l'esprit, implique la fermeture du verbe qui dépense beaucoup d'énergie.
Le silence doit pouvoir prendre conscience de sa puissance.
Le silence doit pouvoir capter et retenir toutes les énergies.
Après cette longue période de silence, le yogi pourra distribuer ces énergies par le pouvoir du Verbe qui se trouve en réserve dans la Couronne Royale.
Ne vaudrait-il pas mieux que vous appreniez, vous aussi, à vous taire et à concentrer votre force pour l'employer correctement plus tard, au service de l'humanité, au service de Dieu, de la Hiérarchie ?

Religion et Pouvoir

Lorsque dans une nation, la religion se transforme en pouvoir entre les mains de la prêtrise ou entre les mains de l'état, elle est tenue, avec le temps, à s'étioler et à se désagréger.

Voyez les nombreux exemples autour de vous !

C'est alors que les forces du mal, profitant de sa faiblesse, envahissent ce pays pour y semer la division, la panique, la mort.

Ces épreuves peuvent s'avérer salutaires et activer le renouvellement des forces spirituelles, mais vous qui savez, veillez à ce que, dans votre pays, les forces du mal ne sèment aucun germe de destruction.

Nationalisme et Conscience Planétaire de la fraternité

Les nations jeunes doivent d'abord passer par l'expérience du nationalisme, car peu d'âmes sont prêtes à s'ouvrir pleinement à une conscience plus vaste.

Mais pour ceux qui sont éveillés, le nationalisme n'est qu'un pas vers un plus grand élargissement de la conscience qui mène vers un mode de pensée planétaire.

Le nationalisme n'implique pas l'expansion d'une force armée, mais l'expansion de la Fraternité.

Par la fraternité et avec elle, tous les problèmes peuvent se résoudre pour le plus grand bien du pays et de toute l'humanité.

Prier pour les Ennemis

Nous respectons les forces de destruction, pour autant que leurs actions permettent l'avancement du Plan Divin.

Lorsqu'il vous est dit de prier pour vos ennemis et que vous le faites, vous ne priez pas pour l'œuvre de destruction mais pour l'œuvre de construction qui suivra.

Il est plus facile de prier pour ses amis que pour ses ennemis.

Si vous, personnellement, avez des ennemis, c'est que votre cœur n'est pas ouvert à tous.

Bien sûr, derrière chacun se trouve son propre ennemi, le soi personnel. Mais un cœur aimant n'y prête pas attention, ainsi, il reste constamment ouvert aux influences de l'Amour, et de ce fait, renvoie à leur source les forces du mal.

La Volonté et les Trois Energies

Par l'exercice de sa volonté, l'homme peut prendre conscience de trois énergies puissantes, et ensuite les capter et les employer pour le Bien Commun.

— La conscience de masse est fanatique et aveugle. Son énergie est employée et dirigée par les leaders politiques, sociaux et religieux, pour le bien comme pour le mal.

— La conscience de l'Esprit est la prise de possession des énergies de base, des concepts et des valeurs. Elle descend de la Conscience du Père. Elle exprime la transcendance par l'évocation de Son Pouvoir.

— La conscience du Cœur, actuellement, doit se répandre ainsi que les Eaux de la Vie. Elle doit faire germer les semailles de la nouvelle époque. Elle doit les faire mûrir dans tous les cœurs humains.

Végétarisme et Respect de la Vie

Vous avez raison, toute forme privée de la Vie, entre immédiatement en décomposition, c'est pourquoi Nous vous mettons en garde contre toute putréfaction qui attire immanquablement des entités néfastes. Tout ce qui est stagnant et malodorant excite de telles entités.

Le végétarisme est conseillé aux cœurs sensibles et généreux.

Mais à ceux qui sont plus sensibles encore, il est recommandé de se nourrir de céréales, de fruits, de laitage.

Nous n'ordonnons rien, chacun doit savoir et pouvoir se comporter en être humain intelligent capable de respecter toute vie.

La science peut vous montrer l'extrême sensibilité des plantes.

Le Respect

Il ne faut pas être un fanatique ni un sujet de trouble ou d'irritation dans votre entourage, par un comportement trop rigide. Sachez qu'il est toujours possible de respecter les lois naturelles sans importuner quiconque.

Devant chaque dilemme, interrogez votre cœur et votre âme, ils vous répondront et vous permettront de respecter votre conviction de même que l'opinion du voisin.

Chacun a droit à la liberté d'exprimer son propre degré d'évolution, et vous êtes tenu de respecter cette liberté.

L'Art et la Beauté

L'art est une qualité de la beauté poussée à l'extrême limite des perceptions de l'homme.
C'est pourquoi Nous disons que l'Art touche à l'Infini et qu'il procède de l'Infini.
Chacun devrait apprendre ce qu'est la beauté et s'efforcer de la manifester divinement.
La décrépitude de la vieillesse n'existerait pas, si dans la recherche toujours approfondie du beau, l'homme pouvait exercer son génie créateur.

Magnétisme de l'Art et de l'Infini

Lorsque Nous parlons de l'Art, Nous Nous référons à la Beauté et à la Vie.
Une simple ligne peut-être belle et inspirer, si l'artiste a pu y infuser une parcelle de sa propre vie.
Le magnétisme dispensé par l'art, en fait sa valeur, mais encore faut-il que le magnétisme soit celui de l'Infini.
Le magnétisme est transmis par le pouvoir du Deux en Un, c'est le principe de l'Aimant.
C'est pourquoi lorsque Nous parlons de l'expression de la Beauté, Nous voulons dire une forme parfaite contenant la vie parfaite.

Rôle du Silence dans les Arts

Dans la musique, le silence porte les germes de l'attention et de la compréhension.
Dans la peinture, le blanc porte les mêmes semences.
Dans l'architecture et la sculpture, c'est le creux, le vide, le transparent.
Dans la danse, c'est le moment de repos.
Dans la science, c'est le recueillement avant l'expérimentation.
Dans la magie, c'est la profondeur silencieuse de l'attente, de l'intérêt ou de la dévotion.
Dans la dévotion, c'est l'élan puissant vers l'idéal.
Dans l'occultisme, c'est la traversée du pont pour atteindre l'autre rive.
L'occultiste ne peut se laisser submerger, ni par les répétitions, ni par les détails. C'est pourquoi il doit aller droit au but sans hésitation, pourvu que son âme lui ait révélé ses secrets.

Plexus Solaire et Appendice

Le plexus solaire a un rapport étroit avec l'appendice. L'on pourrait dire que l'appendice est un exutoire des radiations violentes reçues ou émises par le plexus.

Il y a donc un rapport étroit entre les émotions et l'inflammation de l'appendice, tout comme il y a un rapport étroit entre un organe malade et le centre se trouvant à proximité.

Lorsque le cœur est vidé de son énergie psychique, lorsqu'il est fatigué, le mal entre subrepticement.

Le cœur rayonnant et la pensée saine fermeront la porte aux ennemis.

Des Ecoles Intellectuelles aux Ecoles de Sagesse

La jeunesse qui n'est pas dirigée vers les qualités du cœur et de l'esprit est foncièrement désorientée.

Faut-il la critiquer ou critiquer ceux qui la dirigent vers l'intellectualisme à outrance ?

Les écoles intellectuelles fonctionnent activement depuis des générations. Un summum de connaissance est atteint, sans l'éveil du cœur, cette connaissance représente un danger.

La jeunesse sent la nécessité du développement et du prolongement de la Doctrine du Cœur. Il est donc vital de créer des écoles de sagesse qui enseigneraient l'éveil du cœur.

Nous faisons appel aux piliers vivants de la Sagesse Divine pour fonder de telles écoles qui développeraient le sens de la fraternité et de la justice trop souvent absentes dans les affaires du monde.

Les chocs des personnalités, les dissensions, les peurs, le favoritisme, doivent se fondre devant la grandeur et la beauté des Mystères.

Concept de l'Unité

Il est navrant de voir le comportement des humains. Comme les enfants dans des processions, chacun porte la bannière de son idéal, la croyant plus noble, plus belle, plus honorifique, plus puissante ! Et chacun invite tous les passants à joindre ses propres rangs !

Qui peut croire à la réelle valeur de l'homme s'il n'a pas encore atteint le concept de l'Unité ?

Essayez de comprendre la valeur de l'Unité !

Essayez de servir le monde dont la foi aveugle fond de jour en jour !
Ouvrez vos consciences et réalisez la grandeur de l'Infini !

Le Problème Sexuel

Le problème sexuel est entièrement à réviser, car avec l'avènement de la nouvelle ère, il en surgit de nouveaux et de douloureux.
Qui peut conseiller d'une manière efficace et conforme au Bien Général ?
Qui est apte à réfréner en lui et autour de lui les abus sexuels et les vices cachés ?
Tout s'inscrit dans le Livre de la Vie !
Actuellement, les couples s'unissent selon les désirs de la chair, leur condition sociale, leur fortune. Ils négligent totalement d'interroger en eux-mêmes le principe supérieur de l'âme.
L'âme est double et doit unifier ses pôles.
Les couples unifiés par l'âme sont les seuls à être capables de s'unir réellement, et à vivre dans la compréhension, dans la joie, dans le respect mutuel.
Comprenez-vous l'erreur cachée qui se dévoile par les séparations, par les divorces ?
Comprenez-vous pourquoi, parmi les hommes, il est dit que le mariage est une loterie ?
Comprenez-vous pourquoi les couples unis sont si rares ?
Comment introduire la réforme dans le domaine sexuel ?
Tout d'abord en élevant le degré de moralité chez les jeunes.
En faisant respecter l'égalité et le respect des sexes.
En élevant leur esprit vers la solennité.
En développant chez les jeunes enfants la plus grande sensibilité.
En les instruisant médicalement et biologiquement.
En leur faisant confiance dans une pleine liberté.
En développant conjointement en eux le cœur et l'esprit.
En leur conseillant de rejeter tout ce qui excite les sens.
En leur montrant l'exemple du respect, de la confiance, de la sincérité et de l'amour pur.

La Synthèse des Problèmes Sexuels

Comment étudier le problème sexuel et en poser les nouvelles bases ?

L'unité de la planète fournit de plus en plus les semences de toutes les synthèses.
Faire la synthèse de tous les problèmes sexuels constituera la base de cette nouvelle science.
Les meilleurs spécialistes des deux sexes, les meilleurs spécialistes de tous les pays, de tous les continents, les plus grands biologistes, médecins, psychiatres et yogis, les plus grands chefs religieux, philosophes, scientistes, les hommes de loi, les artistes, les occultistes, les éducateurs, tous devraient s'unir et constituer un groupe de recherche et d'étude scientifique sexuelle.
Le présent doit apprendre du passé et doit constituer l'avenir.
Ainsi, seulement une science, une loi progressive et non rigide pourrait conduire à plus de santé, plus de bonheur pour l'humanité.

Caractère de la Nouvelle Epoque

Vous voyez l'urgence et la nécessité des groupes d'étude et de recherche !
Vous voyez l'importance et la grandeur de l'union planétaire !
Vous comprenez qu'une nouvelle époque implique une nouvelle loi, et vous comprenez que cette loi doit être plus profonde et plus synthétique, plus souple et plus morale, plus vaste et plus spirituelle.
C'est pourquoi Nous saluons tous les génies constructeurs de la nouvelle époque, ils brilleront comme des soleils dans l'âge d'or qui s'approche !

Les Vrais Yogis

Bien sûr les vrais yogis possèdent tous les secrets pouvant régénérer l'humanité, mais actuellement ils se taisent, le moment n'étant pas encore venu pour eux de parler.
Ils se taisent parce qu'ils passent inaperçus dans la masse.
Ils se taisent parce qu'ils voient le matérialisme des hommes.
Ils se taisent parce que l'aura de l'humanité est trop polluée.
Ils se taisent parce qu'ils ne sont pas consultés.
Ils se taisent parce qu'on n'a pas foi en eux.
Ils se taisent devant l'orgueil de ceux qui les interrogent, et qui désirent obtenir des pouvoirs uniquement pour leur satisfaction personnelle.

Oui, l'occident a beaucoup à apprendre de l'orient.

Lorsque ceci sera compris loyalement, sincèrement, un grand pas sera fait vers l'unité des religions, et vers l'unité de la planète.

Refréner les Passions

Nous ne vous parlons pas de l'approfondissement du problème sexuel pour que vous relachiez vos mœurs ! Au contraire !

Nous vous parlons gravement et sincèrement !

Pouvez-vous réfréner vos passions ?

Pouvez-vous mettre un terme à vos dérèglements ?

Créativité Supérieure

Le yogi ou réel voyant est celui qui a dompté et vaincu le Serpent de Feu, celui qui peut employer son énergie créatrice, ses semences, pour les transmuer en or de beauté, de créativité et de puissance.

Comprenez-vous pourquoi il est inutile de développer des organes. Cet acharnement conduit à la longue à la sénilité et à la stérilité mentale.

Il est beau et noble de mettre au monde des répliques de son propre être, mais il est plus beau encore de pouvoir transmuer son énergie sexuelle, et d'en faire un instrument de Créativité Supérieure.

Avez-vous compris l'importance et l'urgence du problème sexuel ?

Le Choix

Vous n'êtes pas convaincu parce que votre vie physique réclame ses « droits ».

Il existe cependant des droits et des devoirs supérieurs !

Il est inutile de vouloir faire passer un chameau par le trou d'une aiguille.

Vous désirez connaître les Hauteurs ! Faites l'effort !

Vous désirez connaître les Hauteurs ! Etudiez les anciens codes !

Vous désirez connaître les Hauteurs ! Conformez votre vie à celle des Saints et des Sages !

On ne peut servir à la fois Dieu et mammon !

Le plus Beau des Sacrements

Le mariage est le plus beau des sacrements ; encore faut-il le comprendre.

La fusion de deux êtres permet de créer.

La fusion de deux êtres permet d'être une cellule unique dans le champ de la planète et de l'évolution.

La fusion de deux êtres indique la grande Fusion Cosmique.

Si votre union se désagrège, pouvez-vous affirmer qu'elle est fondée sur une base solide ?

Qu'elle est la base de votre union ?

Quel est le résultat de votre union ?

En vérité, le rôle de la femme est immense !

C'est elle qui doit tenir le flambeau et en préserver la flamme !

L'Energie Psychique

Il faut toujours veiller à conserver en soi une réserve d'énergie psychique.

Que pour vous, l'entourage ne soit pas un déchargeur de vitalité !

Evitez l'irritation, le mécontentement, l'angoisse et tous les états passifs, procurez-vous des nuits calmes dans une pièce aérée et non chauffée ou réfrigérée artificiellement.

Comment Comprendre les Messages

Ne pensez pas que chaque message donné ici, soit un puzzle ou un rébus.

Vous pouvez tout comprendre aussi bien par votre âme que par votre cerveau, mais la compréhension parfaite implique les deux, et la synthèse se fait dans le cœur.

La Venue du Seigneur

Vous attendez Sa venue et Il vous attend pour venir !

Comment préparez-vous la Voie ?

Il est trop simple d'être bon et généreux, d'être passif et d'attendre.

Tant de choses ont été révélées, tant d'appels ont été lancés !

Y avez-vous prêté attention ?

La Voie est parsemée de Lumière, pouvez-vous La supporter ?

Ouvrez-vous donc à la lumière de votre âme, que votre front brille de l'Etoile Argentée !

Que votre cœur soit libre des marques de la personnalité individuelle !
Qu'il soit libre des codes humains périmés !
Qu'il soit prêt à obéir aux Lois du Plan !
Qu'il soit revêtu de l'emblème de la victoire sur la nature humaine, et porte la marque de la Royauté « sur la terre comme dans les cieux » !
Les serviteurs du monde portent au front l'Etoile d'Argent, qui par ses faisceaux lumineux, déverse amour et volonté.
Que vos cœurs se préparent, qu'ils communient avec le ciel !
Que votre mental se taise et respecte la Lumière !
Le sacrifice divin et le sacrifice humain s'accomplissent chacun sur leur autel, mais les deux autels sont reliés magnétiquement par les faisceaux lumineux que vous pouvez créer.

Libération de la Peur

Je vous demande de vous libérer de la peur. Vous forgez vous-mêmes les armes qui peuvent vous frapper. Vous créez vous-mêmes les troubles qui agitent le monde.
Les flèches de la peur s'ajoutent et se multiplient !
Elles sont dirigées sur les états antagonistes, sur les armes nucléaires, partiront-elles et toucheront-elles leur cible ?
Sémeront-elles la panique et la destruction ?
Je fais appel aux bonnes volontés !
Je fais appel à tous Mes amis !
Que votre vie ne soit pas dissipée, que votre règle de vie ne soit pas rigide.
Habituez-vous à l'inhabituel et la peur ne viendra pas vous frapper !
Habituez-vous à l'inhabituel et vivez avec la vision du futur !

Les Triangles de la Mère du Monde

Il y a autant de triangles dans la tête des humains qu'il y en a sur la surface de la terre.
Les triangles terrestres-pouvoir-amour-activité-permettent la réception de ces énergies, elles la permettent pour le bien et pour le mal.
Il appartient au cœur illuminé de faire l'équilibre.
C'est pourquoi Je vous parle encore de la Mère du Monde.

Silence et Verbe

Dans le silence, il y a absence de son et de formes.
Le vide absolu n'a pas d'existence.
Le silence est la réalisation d'un symbole.
L'Esprit Suprême dût tracer le Cercle, afin de permettre au Point d'y trouver son centre.
Le cercle du début était le Silence.
Il était la matière-vierge, la Matéria Matrix dans lequel s'inscrivit : « au commencement était le Verbe... »
Ce Verbe était le Point, le silence était brisé !

Dégradation du Monde

J'ai vu que dans le monde, les crimes se multipliaient, J'ai vu les hommes s'abaisser dans des orgies, J'ai vu perpétrer les horreurs atlantéennes !
Les humains n'ont-ils pas encore compris la gravité de l'heure ?
N'ont-ils pas compris les nombreux avertissements ?
Pourquoi n'ouvrent-ils pas les yeux et ne s'interrogent-ils pas devant les catastrophes, les cataclysmes, les calamités ?
Faudra-t-il laisser la civilisation se détruire par et à cause d'une poignée de fous et d'irresponsables ?
Faudra-t-il que l'Apocalypse voie la faillite de sa nouvelle révélation ?
Les temps sont graves, on ne cesse de le répéter !
Nous n'avons plus aucun avertissement à vous donner !
Les mages noirs guident les cerveaux de quelques-uns, se trouvera-t-il parmi les Nôtres des âmes assez grandes pour les confondre ?
Pour transmuer le mal qui se réalise jour après jour ?

Les Signes

Chaque grande période de votre vie, chaque accomplissement vous a été signalé par un envoi de Feu sous la forme d'une tension. L'avez-vous réalisé ? L'avez-vous compris ?
Si l'on tenait compte des signes, des tensions psychiques, on comprendrait leurs messages et leur appel, et on serait mieux préparé pour accepter l'inhabituel. Alors on ne défaillerait pas sous le poids de la croix, et l'on irait de l'avant sans se retourner vers le passé.

Les Pensées Négatives

Dans la colonne vertébrale de l'homme peut jaillir une flamme invisible qui se différencie à chaque centre du corps, et qui porte sa chaleur et sa puissance vers le haut ! Vous comprenez pourquoi vous sentez une brûlure dans votre dos.

Bénissez la flamme qui purifie, qui détruit les scories, et sachez qu'au lieu de vous effrayer et de prendre des remèdes, vous feriez mieux de vous recueillir, ainsi que le font les Saints.

Elevez votre pensée, voyez et écoutez le chant d'une nouvelle vie.

La dévotion est une aide efficace, elle épaule la science, elle élève vers une compréhension supérieure.

Les grandes pensées cosmiques sont aussi rares que les chefs-d'œuvres et les grands hommes !

Tant de pensées futiles, malsaines, triviales dévorent vos énergies, et par elles, tant de radiations malfaisantes sont déversées sur le monde.

Qu'ils sont à plaindre les vivants et les morts qui ne peuvent dépasser les basses couches de l'atmosphère où se trouvent tant de vibrations néfastes provenant des assassins, des suicidés, des criminels, des alcooliques !

Ce sont elles qui arment les mains des faibles, qui génèrent les maladies physiques, psychiques et mentales.

Il faudrait que l'homme apprenne à penser mieux.

Il faudrait que l'homme sente les énergies qu'il émet et qu'il reçoit, et que son corps et son cerveau deviennent des instruments sensibles.

L'homme devrait méditer sur la grandeur Cosmique et s'ouvrir à cette conscience. Ainsi il ne souillerait pas l'atmosphère par le poison de ses pensées.

Apprendre à penser sainement et correctement est un signe de la compréhension du Nouvel Age.

Valeur du Héros

Beaucoup reconnaissent la valeur des saints, mais doutent de l'importance des sages, ils nient même totalement la valeur des héros !

Le héros n'est pas seulement celui qui tombe sur le champ de bataille, il est aussi celui qui cherche et pratique la Sagesse, il est aussi celui qui cherche et pratique la Sainteté.

Ainsi, nier la valeur du héros, c'est rejeter le pouvoir du Sacrifice !
C'est ignorer la recherche de l'élévation et de l'Infini !
Mais c'est aussi laisser stagner ses pensées dans la médiocrité !

Obsession

Vous avez raison de parler aussi de l'obsession.
Combien parmi ceux qui se disent les plus sages, ne vivent que dans l'étroitesse et dans la somnolence. Ce sont eux les meilleures proies pour les forces noires, car ils s'isolent dans l'égoïsme, dans l'orgueil, dans la peur !
Ils sont nombreux les habitants de l'au-delà, amis des hommes, qui cherchent à les aider, à les guider. Mais ils se butent contre les préjugés et contre la peur.
Qu'à donc à redouter l'homme qui se relie à la Hiérarchie ?
Celui qui se tient dans l'aura de l'Instructeur en collaborant au Plan, peut toujours compter sur l'aide et la guidance.
L'obsession n'est une réalité que pour celui qui s'isole et qui éteint le rayon lumineux de son âme.

Sang et Prana

Le sang est le conducteur de l'énergie de vie. Il charrie dans son flot le prana qui le purifie.
Vous savez que les forces noires recherchent le sang, afin de s'en abreuver pour nourrir leur propre vie.
Ainsi, non seulement l'hygiène et la propreté, mais aussi l'occultisme ordonnent la disparition immédiate des objets souillés par le sang, et conseillent l'éloignement des endroits où se répand le sang.
La santé physique et mentale y gagnera.

Les Flèches de l'ennemi

Il est heureux que vous n'arrêtiez pas votre travail devant les flèches envoyées par l'ennemi, et que vous ne tombiez pas dans un état dépressif.
Il est heureux que vous puissiez sourire sous l'affront des plus grands outrages.
Il est heureux que vous compreniez que l'ironie, la critique, la calomnie sont l'apanage des cerveaux grossiers et vulgaires.

Seul un cœur fermé peut lancer une flèche empoisonnée et tenter de blesser celui qu'il jalouse, qu'il hait ou qu'il craint !
Mais le cœur pur détourne toutes les flèches !
Le cœur pur peut tout oublier, tout pardonner, tout transmuer !
Ainsi, soyez vaillant, même au plus fort de l'orage ! Chaque lutte est un pas en avant vers l'achèvement.

Le Feu et la Solennité

Le feu appelle le feu, il est temps de le comprendre !
Jouer avec le feu est une profanation qui en appelle à la justice. C'est pourquoi, laissez-le sous le boisseau lorsque vous ne connaissez pas avec certitude, ni votre degré de pureté, ni la pureté d'intention des autres.
Il faut approcher le Feu avec révérence.
Habituez-vous à la solennité !

Pureté, Beauté, Raréfaction

Vous avez raison, la pureté n'est pas le seul apanage du sexe.
Par pureté, Nous entendons la beauté et la raréfaction.
La pureté de la pensée réside dans son élévation.
La pureté des émotions se manifeste par la dévotion dans l'amour.
La pureté du corps s'obtient par une hygiène de vie.
La pureté des sens réside dans la sublimation de l'acte créateur.
La Pureté habite les sommets, les états raréfiés !
L'impureté n'existe que dans l'ignorance et la violation des lois divines.

Tâche de l'Educateur

Faut-il maintenant parler de l'éducation pour le bonheur des pays et de leurs enfants ?
Vous devez respecter tous ses moyens d'expression.
Apprenez à l'enfant à aimer et à respecter tout ce qui vit, enseignez-lui que tout vit d'une vie semblable à la sienne.
Pour lui, les fées, les gnomes et les sylphes sont réellement présents, il les voit, les sent et communique avec eux.
Non, ce n'est pas de la superstition !

C'est tout simplement la vision d'un monde subtil qui est fermé aux yeux des adultes.

Eveillez les Enfants

Il est conseillé de raconter des légendes aux enfants, et de les faire vivre dans le monde du merveilleux.
Il est bon de leur inculquer la droiture, la noblesse, l'héroïsme.
Il est bon de leur parler de la solennité, de la grandeur, et d'éveiller en eux l'imagination saine qui élèvera leurs pensées.
Les devoirs griffonnés à la hâte, les leçons récitées froidement n'apportent rien dans la balance de la vie.
L'arbre de la vie doit croître en même temps que l'arbre de la connaissance.
Développez chez l'enfant les pouvoirs de la pensée, de la recherche, de l'observation.
L'équilibre a sa base dans la pensée élevée capable d'ajuster les émotions.
Non seulement l'exemple, mais aussi l'atmosphère environnante stimule l'enfant.
On peut le décourager, en faire un indifférent, c'est pourquoi Je vous ai conseillé de choisir attentivement les instructeurs.
Mais tous ceux qui rencontrent des enfants sont des instructeurs !
Et les premiers instructeurs sont les parents eux-mêmes !

Le Futur se crée sur les Bancs de l'Ecole

Les nations qui sont négligentes dans le choix des instructeurs exposent les adultes de demain aux plus graves conséquences, et exposent le pays lui-même aux plus graves dangers.
Le futur se crée sur les bancs de l'école !
Il est inspiré et dirigé par l'éducateur.
Parents ! Y pensez-vous lorsque vous confiez votre enfant à n'importe quelle école ?
Y pensez-vous lorsque vous confiez votre enfant à n'importe quel éducateur ?
La Nouvelle Ere se reconnaît déjà dans les pays où l'on réforme les méthodes d'éducation.

La Nouvelle Race pointe déjà dans les pays où l'étude, où la liberté et la pensée dirigée sont l'objet d'une surveillance attentive et sérieuse.

La grandeur d'une nation s'élabore sur les bancs de l'école !

Ecoles de Demain

Les écoles d'adolescents devraient adopter l'idée de fournir des parents spirituels à leurs élèves, ainsi qu'il était d'usage, au début de l'enseignement.

Il serait bon que l'enfant puisse confier ses secrets et demande les conseils qu'il n'ose aborder chez lui. Ceci éviterait bien des crises et des drames dans la jeunesse.

Mais les parents spirituels devraient être choisis, non pas seulement pour leur qualité d'intelligence, mais aussi pour leur solide moralité et leur grand cœur.

Ces parents d'adoption devraient pouvoir se faire aimer par leurs nouveaux enfants. Ils devraient être inconnus des parents qui pourraient tenter d'imposer leurs vues et leurs indications.

Bien sûr, les parents se récrieront tout d'abord parce qu'ils ont oublié leur jeunesse. Puis parce qu'ils manquent de confiance envers leurs enfants, et peut-être aussi par simple jalousie.

Mais, posez-vous la question : « l'enfant vous appartient-il uniquement, ou bien appartient-il à lui-même et à la société ? »

Transmutation par le Feu

Dites aussi aux hommes que lorsqu'ils auront placé leur conscience dans leur cerveau et dans leur cœur, les problèmes sexuels disparaîtront d'eux-mêmes, et l'énergie créatrice s'élèvera et allumera tous les centres.

L'unicorne, comme la trompe de Ganesh, indique la direction, son pouvoir d'élévation, depuis le bas jusqu'en haut, transmue les feux qui deviennent le Feu.

Ainsi s'allume le Feu divin en l'homme. Il brûle et purifie tout sur son passage.

« Il y a beaucoup d'appelés mais peu d'élus. »

Qui est vraiment prêt à se sacrifier et à vivre la Vie Planétaire pour le Service du Monde ?

Christ ou Maitreya

Un grand nombre d'occidentaux se tournent vers l'Est, attirés par ses Sages, attirés sans le savoir, vers la Hiérarchie.

Il est regrettable que si peu d'entre-eux connaissent le Stronghold.

Qu'importe le nom donné au Christ, le Cœur de la Hiérarchie !

Christ est ressuscité ! Christ est vivant !

Maitreya est vivant ! Il est immortel !

Pourquoi n'habiterait-Il pas les Himalayas ?

Psychothérapie

La psychologie et la psychothérapie sont encore peu connues actuellement ; cependant les âmes sont bien plus malades que les corps !

Voyez le nombre de crimes, d'orgies, de déséquilibres !

Voyez la prostitution des arts et de la réelle beauté !

Voyez l'abandon du sens religieux profond !

L'intellectualisme à outrance est une carence de l'âme !

Combien de dépravations et de maladies résultent de l'ignorance et du non-développement de l'âme !

Voyez les déséquilibres que donnent les religions et les philosophies dogmatiques !

Pour guérir l'âme, il est nécessaire d'associer le point de vue médical au point de vue religieux.

La psychologie y gagnerait en étudiant les médecines soi-disant périmées, en faisant une synthèse entre les médecines simples d'autrefois à celles si compliquées d'aujourd'hui !

Discernement et Coopération

C'est une perte de temps que d'exécuter tous les travaux que le mental peut placer devant vos yeux.

Je m'adresse surtout aux femmes !

Combien d'énergie perdue dans les travaux domestiques exécutés sans discernement !

Votre maison est-elle trop vaste ?

Pourquoi vouloir faire tout vous-même, personne n'est-il capable de vous aider ?

Où est la coopération ?

Vous êtes encombrés d'objets inutiles ? Où est la simplicité ?

Où est la beauté, la vision du futur ?

La femme ne peut plus rester l'esclave !
Sa sagesse doit la faire vénérer par tous.
Sa bonté doit pouvoir se manifester dans la coopération.
Il n'y a essentiellement ni travaux masculins ni travaux féminins.
La femme doit être la Lumière du foyer.
La femme doit préserver la Lumière du foyer.
Peut-elle conserver cette lumière allumée, si en elle la lampe s'éteint par manque d'amour ?
J'ai parlé de l'énergie psychique !

Le Mot d'Ordre

« Voir haut ! Voir grand ! Voir noble ! »
Ceci ne constitue pas une mesure essentielle pour l'accomplissement des actes seuls, mais c'est la mesure à la base de l'intention ou du mobile de l'action.
La grandeur doit indiquer l'ampleur d'une tâche Planétaire !
La hauteur doit montrer la capacité d'élévation de l'être !
La noblesse doit exprimer les qualités du roi !
Ainsi seulement la conscience peut s'élargir et unir le microcosme au macrocosme.

Salive et salive

La salive dont vous parlez est une manifestation des Grandes Eaux de la Vie Cosmique, dans le Centre du Verbe, dans l'expression de l'ouverture du Cœur.
A l'échelle inférieure, elle est une fonction animale provoquée par un désir animal.
Microcosme et macrocosme sont étroitement unis.

Mes Futurs Disciples

Un grand nombre de Nos futurs disciples sont encore plongés dans la mare émotionnelle du moyen-âge.
Pour certains, la Dévotion est un pis-aller, un passe-temps, un « on ne sait jamais... », tandis que leur vie s'écoule toute empreinte de matérialisme !
Peut-on comparer ces êtres aux crapauds et aux grenouilles, qui ne connaissent que deux dimensions et qui n'osent pas encore sauter dans l'espace, dans l'infini ?
Cependant eux aussi, un jour, seront Mes disciples.
Comment leur montrer le chemin de l'évasion ?
Comment leur apprendre à sortir du marécage ?
Comment leur faire rejeter la peur, le qu'en dira-t-on ?

L'eau qui ne se renouvelle pas se putréfie et devient porteuse de poison !
Etes-vous de ceux-là ?
Vous le reconnaissez ?
Alors, rejetez votre dévotion fanatique ! Apprenez à servir vos frères en tout amour !
Mais les crapauds se complaisent dans la mare, ils imitent par leurs cris les gouttes d'eau qui tombent du ciel, et peut-être pensent-ils que le ciel leur appartient !
La dévotion dans le dévouement est un facteur d'élévation !
La dévotion dans le fanatisme est un facteur de stagnation !

Tension des Disciples

Beaucoup d'entre vous ont pu déjà jeter un regard dans le vaste champ cosmique !
Beaucoup d'entre vous ont pu communier avec les Mondes Lointains, avec l'Infini !
Beaucoup d'entre vous connaissent les tensions qui conduisent à la plus haute élévation !
Peut-être n'en avez-vous pas pris conscience ! Peut-être l'avez-vous oublié ! Peut-être en ces moments, avez-vous pensé à l'hallucination, à l'obsession ! Peut-être n'avez-vous osé révéler ces visions, ces avertissements, et en demander les explications et leur signification !
L'homme en lui-même peut expérimenter le Ciel ou l'enfer...
L'Infini ou l'obsession...
Il peut jouir d'un bonheur nirvanique, mais peut-être las et déprimé !
Ces états d'âme ont leur source dans l'être lui-même, dans sa connaissance de la réalité, ou dans son ignorance.

Fusion Est-Ouest

Vous dites que l'occident ne sait pas méditer !
Vous dites que l'occident est dépourvu de sages, de saints !
Vous dites que vous n'y trouvez aucun instructeur spirituel, aucun gourou !
Vous dites que son métérialisme étouffe toutes ses valeurs !
Peut-être avez-vous raison ! Mais telle est l'époque !
L'est, écoute-t-il la voix de ses Sages, suit-il leurs conseils ?
Peut-il manifester son âme dans l'ignorance, la pauvreté, la misère de ses masses ?

En vérité, la fusion est-ouest est aussi nécessaire et indispensable à l'un qu'à l'autre.
Mais, vu son déséquilibre, Je dis que l'ouest a grandement à gagner en approfondissant l'Enseignement millénaire de l'est.

L'Orient et l'Occident

Oui, l'orient est le berceau de toute civilisation ! Oui l'orient est le berceau de toute religion !
Sa sagesse se perd dans les millénaires.
Vous parlez de la Grèce, de Sparte et de Rome ! Vous parlez de la France et de l'Italie ! Vous citez les luttes, les révolutions, les guerres nationales et mondiales ! Vous citez les révolutions sociales et techniques !
Que de sang versé au nom de la religion du Christ, au nom de l'amour !
Tandis que l'ouest s'organisait en se déchirant et en baignant dans le sang fratricide, l'Inde méditait sur la grandeur de l'immortalité.
C'est ce trésor inestimable qu'elle peut donner à l'ouest.
D'un côté Nous voyons le bien-être exagéré du matérialisme. De l'autre, Nous voyons le calme et la paix de l'esprit dégénérer dans l'oisiveté et la paresse...

Union de l'Est et de l'Ouest

Si l'ouest ne pouvait se concentrer et méditer, comment pourrait-il réaliser la beauté, la grandeur d'une technique perfectionnée ?
L'action est la réalisation sur le plan physique des pensées émises et conçues dans le mental.
La méditation de l'ouest est centrée dans le mental.
La méditation de l'est est centrée dans l'âme.
L'est et l'ouest plongent leurs racines dans des plans différents, c'est pourquoi il est nécessaire pour eux de s'unir, de partager leurs secrets, et de créer le pont qui doit unir ces deux blocs en un seul.
Le pont doit d'abord se créer par la pensée et l'imagination créatrice, puis être réalisé par l'intuition, sur les plans spirituels.
Alors seulement il pourra se construire dans le domaine matériel, sous l'impulsion de l'évolution planétaire aidée par les serviteurs mondiaux et les bonnes volontés.

Penser et réaliser à l'échelle planétaire est une condition planétaire.
Ceux qui peuvent travailler à l'échelle planétaire ont la tâche d'unir l'est et l'ouest et leurs valeurs respectives.

Les Brûlures du Feu

Il n'existe aucun travail urgent qui mérite que vous vous fatiguiez au point d'être exténué physiquement, psychiquement et moralement.
Vous demandez le baptême du Feu !
Acceptez avec joie les conséquences inévitables de ce baptême. Acceptez la faiblesse physique momentanée qui en résulte.
Dirigez votre pensée vers le haut et maintenez l'y fermement pour ressentir moins intensément les brûlures du feu.
Centrez votre conscience dans le triangle supérieur de la tête pour pouvoir rejeter l'irritation contre vous-mêmes et contre votre corps.
Mais que toujours votre cœur soit ouvert à tout et à tous !

Les Flèches Lumineuses

En vérité, la volonté de l'homme n'en est qu'à l'état embryonnaire !
Apprenez d'abord à diriger l'énergie de la pensée qui fera éclore et se développer l'embryon de la volonté.
Chaque matin, alors que votre cerveau est libre et capable de concentrer le maximum d'énergie, envoyez sur la planète, comme des flèches lumineuses, trois formes pensées :
— pour le développement du cœur,
— pour la liberté de la pensée,
— pour la paix du monde.
Alors, faites une courte méditation, une courte prière, votre journée spirituelle est spirituellement gagnée. Votre collaboration dans l'élévation de la planète est effective.
Point n'est besoin de formules préfabriquées. Laissez parler votre cœur.
Fixez la flèche de la pensée dans l'ajna, et de là qu'elle se dirige en ligne directe sur la terre.
J'espère que Mon appel sera entendu par beaucoup !
La Hiérarchie a besoin de vous !
Le monde à besoin de vous !

La Joie dans l'Aura du Maître

Le doute, en étendant son voile épais de nuages gris-verdâtre détruit la beauté de la pensée et sa créativité.
Comment alors, la Lumière pourrait-elle traverser ce voile et le résorber ?
L'enthousiasme et la joie dissolvent le doute et l'hésitation, l'hésitation est la première manifestation de la peur !
Un disciple peut-il encore douter lorsqu'il sait, lorsqu'il sent qu'il baigne dans l'Aura de son Instructeur ?
La joie fait mousser l'esprit !
L'enthousiasme présente la coupe !
La lumière envoie ses rayons !

Note Clé de la Nouvelle Epoque : l'Allumage des Feux

Il est normal que pour beaucoup d'entre vous la méditation doivent être plus scientifique. Le temps de la dévotion aveugle est passé.
La Nouvelle Epoque apporte la nécessité d'une adaptation progressive. Sa note clé est l'allumage des Feux.
Actuellement le cerveau humain est développé à un tel point, qu'il doit jouer un rôle capital dans le développement de la capacité spirituelle, individuelle et planétaire.
Les hommes sont libres de s'adapter ou non à la marque de leur temps.
Les Bouddhas, les Rishis, les Sages et les Saints ont été les pionniers dans la voie de l'expression de la Divinité en Eux.
Ils ont développé au maximum la puissance Christique, puissance de l'Amour Divin.
Ce même principe doit se développer actuellement dans tous les hommes, en dehors de toute sentimentalité ou de complaisance émotionnelle.
Il faut être capable de partager les secrets des Guides !
Autrefois cet Enseignement était réservé à un petit nombre et se donnait dans les Temples Initiatiques.
Les castes sacerdotales et les systèmes philosophiques en ont seuls bénéficié.
Mais aujourd'hui chacun a le droit de chercher et de trouver.
« Frappez à la porte et l'On vous ouvrira. »

Contrôle du Mental

Le mental de l'homme moyen est assez développé et concentré pour entreprendre l'exercice ou la pratique de la contemplation.

La méditation ouvre le champ de la pensée à une conscience plus vaste. Elle peut développer le mental, elle peut l'élever dans la raréfaction. Elle peut faire communier avec la vision de l'âme.

Lorsque le mental ne parvient plus à se taire, lorsqu'il ne peut plus atteindre la Lumière, il devient son propre destructeur et il détruit tout autour de lui.

C'est pourquoi il faut pouvoir commander à son cerveau et en faire un instrument capable de percevoir l'Infini.

La Voix du Cœur, la Voix de l'Ame

C'est dans le cœur que vous devez faire retentir l'appel ! C'est là que Nous découvrirons vos intentions.

Ne regardez pas en arrière, n'écoutez pas ceux qui retardent l'évolution, n'écoutez ni leurs discours, ni leurs promesses. Vous, ami lecteur, vous ne faites plus partie du troupeau, de la masse. Employez votre cerveau, cherchez en vous-même, questionnez-vous. Et votre âme qui, toujours, contemple la Face du Père, pour vous, dévoilera sa lumière, sa splendeur. Elle vous montrera la beauté de l'accomplissement.

Ne négligez aucun signe ! Restez ouvert à la voix de votre âme !

Et votre âme laissera ouvert le portail que votre personnalité cherche et appelle.

Intervention Chirurgicale et Santé Psychique

Vous avez raison de croire que beaucoup d'interventions chirurgicales pourraient être évitées.

Souvent les résultats physiques sont concluants, ou du moins le paraissent, mais, qu'en est-il pour le psychisme ? Chaque organe du corps a son utilité physique et psychique, il est utile au rythme et à la juste fonction de l'organisme. Combien de souffrances inutiles sont infligées à l'humanité ? Combien d'arrêts dans l'évolution de l'âme, dus à l'ablation de l'appendice, de la vésicule biliaire !

Bien souvent un régime, un repos complet suffiraient à remettre l'organisme en bon état.

Le chirurgien devrait connaître le rôle psychique des organes, il devrait indiquer aux patients la façon de recréer par l'énergie de la pensée, la fonction psychique de l'organe manquant. Le patient regagnerait ainsi un équilibre normal et son évolution ne serait plus remise en question.

Tout a été dit...

Vous dites que ces messages n'apportent rien de neuf, et vous avez raison. Tout a déjà été dit !

J'envoie seulement l'énergie de la Lumière sur chacun d'eux, afin que vous soyez davantage attentif aux Energies, qu'ensuite vous les intégriez afin de mieux les manier.

Le « nouveau », vous devez vous-même le chercher dans l'énergie des mots et par l'élargissement et l'approfondissement de votre conscience.

Rien ne sert d'apporter un aliment qui ne peut nourrir les âmes, rien ne sert d'apporter un aliment qui ne peut nourrir les consciences, il serait ridiculisé et rejeté, parce que non compris, non assimilé.

Ainsi, créez en vous-même le « nouveau » en rejetant le doute, en cherchant et en élargissant votre conscience.

L'Eveil de Kundalini

Il faut être prêt à accueillir l'inhabituel et apprendre à ne s'effrayer de rien.

Habituez-vous aux changements extérieurs, vous apprendrez le détachement.

Alors seulement vous serez prêt à supporter les chocs ressentis par l'organisme, sous les impulsions de l'allumage des feux, de la rotation des centres et de l'éveil de Kundalini.

Vous pensez au bruit terrifiant entendu et ressenti dans votre cœur !

Vous étiez prêt à recevoir l'inhabituel, vous avez ri, et vous avez compris.

Lorsqu'un organisme se purifie, la terre elle-même se purifie !

Il y a accord ! Il y a concordance !

Et comme vous vous êtes réjoui, la planète elle-même se réjouit.

Nous Nous réjouissons aussi, car l'énergie s'est élevée en brisant une écorce.

Toute écorce est une entrave, aussi bien dans l'homme que dans la planète.
Je vous appelle à la Joie, à la Confiance, et au Service de l'humanité !

Dévotion et Présence

La réelle dévotion exclut tout fanatisme.
Devant l'objet de son adoration, il faut conserver l'enthousiasme, l'innocence et la confiance de l'enfant.
La dévotion telle qu'elle est trop souvent pratiquée, place une barrière de crainte et de servilité entre l'adoré et l'adorateur.
Vous qui êtes sur le chemin de la dévotion, maintenez sans cesse l'image de votre Instructeur dans votre cœur, et demandez-Lui : « que puis-je faire dans le monde pour T'aider ? »
Ainsi la Présence sera réelle et se manifestera en vous et par vous.

Le Bénéfice des Courants

Le proverbe « il ne faut pas remettre au lendemain ce que vous pouvez faire aujourd'hui » est aussi une indication occulte pour le disciple.
Chaque jour apporte sa force, son énergie et son pouvoir de réalisation.
Différer, c'est rejeter le bénéfice des courants ! C'est aussi se préparer à devoir accomplir l'action dans des conditions difficiles, avec négligence ou irritation ou apathie.
L'occultiste ne peut rejeter le bénéfice des courants. Au contraire, il doit s'en servir et les manier pour le plus grand bien de tous.
Pour l'occultiste, ceci signifie coopérer avec la Nature.

Participation au Grand Œuvre

Non seulement il est difficile d'accomplir une tâche au moment opportun, mais il est difficile de choisir ce qui est réellement le plus important et le plus urgent.
Tandis que l'homme ordinaire agit et réagit comme un robot, le disciple doit veiller en toute conscience à participer au travail du Grand Œuvre en oubliant ses petites limitations personnelles.
Travailler pour le Bien Commun nécessite un grand discernement.

Le Bien de la Planète

Quand donc les humains ouvriront-ils leur cœur et leur conscience à la Conscience Planétaire, à la Conscience Cosmique Infinie ?

Quand donc l'objet de leurs pensées et de leurs désirs sera-t-il orienté vers le Bien Général à l'échelle planétaire ?

Que d'égoisme, de petitesse, d'étroitesse dans les consciences humaines !

Que de pensées, d'émotions et d'actes inutiles, malveillants et malfaisants !

Combien de poisons atmosphériques répandus par eux et qu'il faut pouvoir transmuer !

Comprenez-vous pourquoi tous ces appels répétés ?

Comprenez-vous pourquoi il faut élargir les consciences ?

Hélas ! Ils sont nombreux ceux qui, fanatiquement, répètent des invocations et des prières en négligeant d'accomplir leur devoir, leur service, et en pensant que travailler est une dégradation et demande un trop grand effort !

Le Manteau d'Opprobre

Ne pensez-vous pas que vous aussi, un jour, vous devrez porter le manteau d'opprobre, et que les épines s'enfonceront dans votre tête ?

Ne pensez-vous pas qu'un jour, vous aussi, vous pourriez être flagellé et rejeté par votre famille, vos amis ?

Ne pensez-vous pas que l'on pourrait vous cracher au visage ?

Pourrez-vous le supportez sans penser à la vengeance ?

Oui, alors préparez-vous et acceptez dès aujourd'hui, à ne vouloir paraître que comme peu important aux yeux des hommes !

Habituez-vous à ne pas vous justifier !

Personne n'a le droit de juger !

Personne n'a le droit de se justifier soi-même !

Qu'importe ce que vous pouvez paraître aux yeux de vos frères !

Oui, cette leçon est difficile à apprendre !

Ce qui compte pour vous, c'est l'acceptation du Sacrifice, l'acceptation de la Crucifixion qui est le présage de la Résurrection.

Ere des Poissons

Chaque époque a sa signification, son mot d'ordre.
Depuis peu les Poissons sont déliés !
L'un est plus grand que l'autre, et il s'élève au-dessus des eaux, tandis que l'autre, plus faible, flotte à la surface.
Le premier réalise qu'il est « l'Esprit planant au-dessus des Eaux », le second reste attaché à son environnement, à son élément.
Lequel les deux êtes-vous ?

Le Feu dans la Nouvelle Epoque

L'Ere des Poissons retenait les humains dans l'eau calme de la dévotion, elle les poussait à devenir un idéal, à être un idéal, et même à être un idéal que d'autres encensent !
Mais lorsque les Poissons se séparèrent au début de l'Age Atomique et que l'un des deux s'éleva et devint un Aigle, l'Energie du Feu lui fut indispensable.
Pendant sa longue vie de deux mille années, l'aigle se nourrira du Feu de l'Espace, devenant feu lui-même.
Ainsi, le Feu est le mot d'ordre de la Nouvelle Epoque !
Le Feu est créateur de toute nouvelle vie, et le destructeur de toutes anciennes formes !
Je vous répète qu'il est temps de choisir, ou bien de rester rivé à la terre et connaître ses vicissitudes, ou bien développer en soi le Feu, et le joindre au Feu Cosmique.
Pour l'homme, la Vie est faite de choix continuels !
J'ai parlé du discernement !

La Meilleure Protection

Ce soir tu as beaucoup souffert, mais tu as compris qu'il fallait t'évader, qu'il fallait vaincre la souffrance aussi bien que la dépression.
Tu as choisi le Bouclier du Travail qui est aussi celui du Service.
L'action est un Feu ! Maintenant change de Bouclier...
Endors-toi en tenant le Bouclier de la Dévotion. Il est toujours bon de se protéger des ennemis du Bien, mais puisque tu veilles à accomplir Notre Travail, Nous veillons sur toi, et Nous te protégeons.

Rachat du Karma

Faire le bien et se libérer de la peur des conséquences du mal c'est racheter la moitié de son karma.

Connaissance de Dieu

La connaissance de Dieu grandit avec l'expansion de la conscience.
Lorsque vous étiez enfants, votre conception de Dieu était à la mesure de vos capacités.
Maintenant vous êtes adultes et votre conception de la Divinité est plus aboutie.
Lorsque l'âme se développe, vous communiez avec la Lumière, avec le Dieu Immanent perméant toutes choses.
Lorsque la vision cosmique se développe, vous communiez avec le Dieu Transcendant, dans toutes choses, dans tous les êtres, dans tous les mondes.
Dans cette vision cosmique, toutes les dualités s'effacent et se fondent dans l'unique Yoga, dans Cela qui est Dieu !

Pleine Lune et Tension

Chaque pleine lune apporte une somme d'énergie considérable.
Y faites-vous attention ?
Ce surplus d'énergie ne peut être gaspillé, consacrez-le à l'élévation de l'esprit et au service de vos frères.
Que vos pensées les plus élevées régénèrent les sphères plus denses de l'atmosphère.
Ne gaspillez ni votre temps, ni vos possibilités, ni vos énergies dans des choses vulgaires ou triviales.
La grâce de la Vie surabondante doit devenir le germe de la consécration.
Les pensées ordinaires, triviales, empêchent l'élévation de l'esprit.
L'ardeur du Feu crée la tension et l'appel de l'Energie Psychique.
Dans cette tension s'ouvrent les sens supérieurs !
Dans cette tension retentit l'appel !
Dans cette tension la réponse est donnée !
Ainsi, veillez aux dates, veillez aux énergies cosmiques, surveillez vos tensions et n'affaiblissez par leur ardeur !

Auto-Régénération de l'Homme

Trop longtemps on a insisté sur la faiblesse humaine et sur ses fautes.
Trop longtemps ont a fait perdre le concept de la régénération de l'homme par l'homme.

L'homme a perdu confiance en lui, il est annihilé par le concept d'infériorité. Il a perdu aussi confiance en un Dieu extérieur à lui, invisible et qui, parfois semble même l'accabler.
Il a perdu confiance dans les leaders et les directeurs de conscience qui trop souvent sont loin de montrer l'exemple de la sagesse, de la sainteté.
Il cherche des conseils, des avis n'importe où, ou bien il s'enfonce dans un matérialisme plus grand encore.
L'heure est venue où l'homme doit prendre en mains sa propre évolution et porter lui-même sa propre croix.
Si telle est votre acceptation, si telle est votre décision, avancez seul et sans crainte, lourdement chargé par votre croix. Ne regardez pas en arrière de crainte de faillir ou de tomber.
Le moment venu, vous rencontrerez inévitablement sur votre route les amis qui vous aideront, qui vous guideront, et vous amèneront dans la Maison du Père.

Eviter les Pièges

Evitez de passer du complexe d'infériorité à celui de supériorité. Les extrêmes sont toujours nocifs, même s'ils se cachent sous le voile illusoire du bien.
Le chemin du milieu n'est pas le plus simple, mais il est le plus direct.
Ainsi, restez vigilants. Que dans vos moments d'exaltation ou de dépression Mon Image vous ramène à l'équilibre et à l'harmonie.

Unification de la Planète

Sachez qu'il est dangereux de juger une nation séparée du groupe des nations que constitue la planète, comme il est dangereux de juger un groupe de personnes par les agissements d'une seule.
Il est dangereux de juger une nation séparée, mais aussi de louer ou de blâmer ses agissements.
L'Ere Nouvelle prépare l'unification de la planète et doit pour cela détruire pour reconstruire plus sainement.
La vengeance, qu'elle soit entre les peuples comme entre les individus, est toujours mauvaise conseillère !
Le passé doit s'oublier, et les livres d'histoire ne devraient montrer que la progression des races, des civilisations, des peuples, vers l'unité de la planète, vers l'unité de conscience.

Dans le jeu des guerres successives, il n'y a ni vainqueur ni vaincu, c'est une marche en avant, pénible et douloureuse.

N'appliquez jamais les règles de la vengeance, au contraire, avancez dans la vision du futur, et comprenez le Plan Divin qui exige la toute-unification.

Race Blanche, Race Noire

Les problèmes raciaux sont à solutionner avec autant d'urgence que les problèmes nationaux et internationaux.

Il faut que la race blanche comprenne que son temps de « supériorité » se termine en même temps que le colonialisme. Il faut qu'elle comprenne que son pouvoir d'argent ou son pouvoir industriel ne peuvent asservir les peuples de couleur soi-disant sous-développés.

Viendra un temps où la race blanche elle-même devra s'incliner devant la supériorité de la race bleue qui point déjà.

Sachant cela, qu'elle réfléchisse et qu'elle prépare un accueil digne à la future race. Afin que celle-ci, bien supérieure à toutes les races antérieures, ne lui fasse payer durement ce qu'elle a fait endurer aux races de couleur.

Conscience de l'Infini

Beaucoup pourraient croire que trouver son âme est le but suprême de l'évolution.

L'âme n'est que l'adolescent, l'Arjuna en nous !

C'est elle qui doit lutter, peiner et se détacher de tout pour conquérir la liberté.

Mais la liberté n'est pas le but suprême de l'évolution !

Dans la liberté, et grâce à elle, il est permis d'exprimer consciemment ses émotions les plus élevées, puis, plus tard, il est permis de jeter un regard dans la demeure de l'Esprit, puis, de prendre conscience du Cosmos tout entier, de Cela qui est Dieu.

En vérité, M. a raison. Beaucoup sont prêts, mais peu le savent !

S'ils le savaient, peut-être seraient-ils récalcitrants et retourneraient-ils en arrière.

L'Ascension est toujours une dure réalité !

Le Ciel Intérieur

Il existe un ciel pour chacun d'entre vous, mais ce ciel est en vous !

Le ciel est plus haut que vos sentiments, que vos sensations les plus élevées, il est plus noble que vos pensées les plus généreuses.

Découvrez-le en perçant vous-même l'arche qui obscurcit votre ciel, sortez de l'œuf qui vous entoure et vous conditionne, sortez de cet œuf, et envolez-vous vers l'Infini !

Transcendance

Par les deux énergies puissantes de la pensée et de l'imagination, la colonne vertébrale devrait faire sortir de sa base et faire progresser en elle, les deux rubans invisibles, rose et bleu qu'elle contient, et qui vous font connaître la Transcendance.

Karma

Vous êtes beaucoup plus attachés au karma qu'il ne l'est à vous.

Vos pensées vous lient, vos émotions vous lient...

Vos paroles vous lient, vos actes vous lient...

Tout, mais surtout le passé vous lie !

Les Quatre Seigneur se mirent dans les « eaux » de votre humanité ; vous voyez les ombres causées par les tumultes de votre vie.

Cessez d'agiter les eaux ! Levez les yeux vers le ciel !

Et le karma ne projettera plus son mirage déformé et agrandi en vous, il ne s'inscrira plus dans votre âme apaisée.

Cherchez la paix de l'âme !

Cherchez la paix de l'esprit !

C'est ainsi que la volonté délie le karma qui vous enchaîne tous !

Nouvelle Naissance

Certes, vous êtes conditionnés par le passé, mais que faites-vous pour conditionner l'avenir ?

Chaque jour de votre vie doit donner naissance en vous à un être plus grand !

A un être qui regarde l'avenir de la planète en oubliant le conditionnement du passé !

Un être qui œuvre dans le présent immédiat pour apporter à tous un meilleur avenir !

Fardeau de la vie

Qu'appelez-vous fardeau de la vie ?

Beaucoup répondront : les malheurs, les soucis, les tracas !

Mais le disciple qui peut oublier les manifestations extérieures malheureuses, répondra que la fardeau de la vie est son énergie elle-même ; cette énergie forte, puissante, vibrante, presque intolérable pour le corps physique.

Penser à l'échelle individuelle, c'est supporter le fardeau de la vie individuelle.

Penser à l'échelle planétaire, c'est supporter le fardeau de la vie planétaire.

Penser à l'échelle cosmique, c'est supporter le fardeau de la vie cosmique.

La Hiérarchie pense à l'échelle cosmique, Elle a conquis Sa libération, Sa résurrection glorieuse, et cependant Elle accepte « le lourd fardeau du karma du monde », et Elle transmue les énergies cosmiques pour la terre.

Quel est le fardeau que vous portez ?

Vos épaules sont-elles assez solides pour supporter un fardeau plus lourd que celui de vos propres pensées ?

Méfaits de l'Alcool

Il est horrible de s'adonner à la boisson !

Chaque verre d'alcool que vous buvez emporte avec lui un lambeau de votre âme, et si vous persistez dans ce vice, il peut la tuer irrémédiablement !

Chaque verre d'alcool vous fait descendre vers les couches plus basses. Et si, momentanément il vous donne des tensions artificielles, après, viendront le découragement, la tristesse et parfois l'obsession.

Non seulement dans l'éclat d'ébriété, vos paroles et votre exemple sont pernicieux, mais ils renforcent la puissance des frères de l'ombre !

Le Jardin de la Joie

Faut-il encore parler des émanations néfastes qui polluent l'air et l'atmosphère, qui nourrissent les frères de l'ombre, les élémentals inférieurs et les résidents des basses couches astrales ?

Je dis : alcool, eaux stagnantes, détritus, sang, et tout ce qui est en état de décomposition.
Mais en plus de tout ceci, il y a vos propres émanations des pensées envieuses, critiques, il y a vos états psychiques corrosifs : colères, irritations, découragements, lassitudes et obsessions !
Qu'il est beau le Jardin de la Joie où ne s'apanouissent que les fleurs du Bien !

Les Deux Folies

Saturne est l'ovoïde brisé qui libère le plus haut et le plus bas, et qui permet leur jonction et leur équilibre.
Il n'existe que deux sortes de folies : la folie du divin (de l'exaltation à l'extase) et la folie du mal (de l'exaltation au sadisme).
La première libère les émanations de la créativité du Bien, la seconde libère les émanations de la décomposition.

Transmutation du Plomb en Or

La transmutation des métaux est lourde de connaissances et de conséquences.
Mais trop souvent « satan conduit le bal », et ses disciples dansent autour du feu !
Oui, satan conduit le bal, et tous vous dansez jusqu'à l'épuisement !
Certaines tribus d'Asie bravent le feu, uniquement par la puissance de leur volonté, après une période de purification.
Il faut pouvoir braver le feu et sortir victorieux de l'épreuve de la couche enflammée !
Alors vous comprendrez la transmutation du plomb en or !

Le Feu

La conception dogmatique du feu de l'enfer a perdu bien des hommes.
Pourriez-vous trouver un Plan non pénétré par le Feu ?
« Notre Dieu est un Feu consumant ! »
Le Feu est un élément cosmique, vous ne le connaissez que partiellement sur la terre, dans ses epxressions de magnétisme et d'électricité !
Le Feu est aussi un élément terrestre éclairant la pensée humaine et dévorant toutes les passions.
Oui, « tout est flamme et tout est feu » !

Par le Feu, l'homme connaît le Feu Cosmique, le Feu de Cela qui est l'essence du Feu.
L'enfer n'est pas le Feu, mais le regret de la perte du Feu.

Saturne

L'anneau de Saturne est son propre « ring-pass-not ».
Satan en connaît le secret et peut l'ouvrir à volonté.
La lourdeur de Saturne alourdit les hommes et entrave leurs élans, mais le cercle recréé offre un nouveau champ de manifestation dans lequel l'Esprit pointera sa présence.

Vénus

Vénus est la fille aimée de la Terre !
Elle descendit des Pléiades afin de joindre son pôle au pôle masculin, afin que les deux en Un puissent s'unir et s'élever !
Le Magnétisme Cosmique est une vérité !
L'Amour Cosmique est le plus grand de tous les aimants, il maintient l'équilibre et la joie de la créativité, il maintient la manifestation toute entière !

Le Leader

Vous avez raison de dire que la tiédeur est vomie par Dieu, mais il est si confortable pour les leaders (les pseudos-leaders) de régner sur une troupe de faibles, de tièdes et d'adorateurs, pouvant par là gonfler leur orgueil par les effluves de l'encens, tout en oubliant leurs devoirs et leurs responsabilités.
Le réel Leader n'est ni un faible ni un tiède, Il ne peut trouver dans les effluves de l'encens le successeur capable de le remplacer.
Il doit le trouver sur l'échelle supérieure à la sienne propre.
Ainsi l'avenir et la prospérité sont assurés, et il y aura victoire sur la décrépitude et sur la mort.

Interpénétration des Feux

Les animaux domestiques aiment le feu de l'homme et s'en nourrissent. De même les hommes se nourrissent de Feux supérieurs aux leurs.
Tout dans la nature s'interpénètre et se synthétise dans la Flamme, dans le Feu !

Mystère à découvrir par l'homme, et à réaliser dans le Cosmos à travers lui-même.

Un Enseignement pour Tous

Il est difficile de donner un Enseignement adéquat dans le champ immense de la conscience, qui s'étend depuis la conscience du pygmée jusqu'à celle du génie !
Mais si Je dis : développez votre cœur à partir de vos affections particulières jusqu'à la conscience de l'amour planétaire, ceci est un enseignement pour tous !
Si Je dis de centrer votre conscience dans le triangle supérieur de la tête et de l'y maintenir fermement et constamment, ceci est un enseignement pour tous !
Si encore Je dis que le plexus est double et qu'il met en rapport avec les Sept Consciences Planétaires, vous devez comprendre pourquoi Je dis de centrer la conscience vers le haut ! Ceci est encore un enseignement pour tous !
« Vers le haut » pour éviter les ennuis du psychisme inférieur !
Pour fermer la porte à la dépression, à l'obsession !
Si vous vous ouvrez à la conscience du cœur, vous maintenez en vous la « puissance du jour » et la puissance de son soleil qui éclaire et nourrit la terre ! Ceci est encore un enseignement pour tous !
Si vous centrez votre conscience dans la tête, vous connaîtrez la beauté du ciel étoilé, et vous pourrez vous évader de la terre vers l'Infini ! Ceci est encore un enseignement pour tous !

Immanence et Transcendance

Le double plexus de l'homme est voilé du triple filet éthérique qui le protège des sept influences astrales. Il se construit et se reconstruit lui-même sous sa propre impulsion.
Le cordon ombilical éthérique demeure vivant après la section double physique et marque le point central de l'axe du corps, l'équilibre des plateaux de l'évolution et de l'involution.
Actuellement, l'humanité prend conscience de cet équilibre.
Restera-t-elle attachée au plateau de l'involution ?
Ou bien fera-t-elle pencher le plateau de l'évolution vers le Bien Commun ?

Il est dangereux et souvent nuisible d'éveiller le Feu du plexus et de percer le filet éthérique qui pourrait mettre l'homme en contact avec trois ennemis puissants qu'il lui faudrait vaincre avant de pouvoir poursuivre sa route.
Mais si le feu du cœur perce le voile, l'Immanence est connue !
Si le feu de l'ajna perce le voile, il fait surgir le serpent qui lui fait contacter la Transcendance !
Mais si le serpent se dresse, puis se place en « anneau », il y a la création d'un nouveau monde dont l'homme est le Dieu. Un Dieu qui poursuit sa lente évolution à travers l'espace immense du Cosmos qui est Cela !
L'homme alors a quitté le champ terrestre pour être le Dieu Créateur !
Infime Dieu au sein du Dieu Cosmique !
Goutte d'eau perdue mais consciente, dans l'Océan des Cieux !
Ce n'est que libéré de tout orgueil, que l'homme peut franchir la barrière Cosmique !

L'Orgueil

Oui, il est toujours possible à l'homme de perdre ses ailes, et de retourner ramper à nouveau sur la terre !
L'orgueil qui semblait l'élever, lui déchire progressivement ses aspirations, lui obscurcit la vision de la beauté, du bien, et lui tarit la source de la créativité.
Il fixe alors son attention uniquement sur les biens matériels, sur les possessions, les jouissances, et leurs pouvoirs.
C'est pourquoi le disciple doit cultiver l'humilité et la juste mesure des proportions.
Qu'est l'homme vis-à-vis de l'Instructeur ?
Qu'est l'homme vis-à-vis du Cosmos ?
Qu'est l'homme vis-à-vis de Cela ?
Oh ! homme ! Courbe ton front devant Cela qui est Dieu !
Et sache qu'en relevant trop haut ta tête orgueilleuse, en un instant, tu peux faire choir ta couronne !

Diverses Réactions à l'Enseignement

Qu'importe, pour celui qui écrit sans aucun espoir de récompense, que vous réagissiez en bien ou en mal à ces Instructions !
Nous sourions en voyant les réactions des puissances du mal, parce que Nous savons qu'aucun affront ne peut

blesser celui qui œuvre pour Nous, celui qui travaille pour le Bien !
Vous qui critiquez ou essayez sournoisement de détruire ce que Nous construisons, vous êtes blessés dans votre orgueil par ce Message, et vous considérez comme un affront ce qui, en réalité, n'est qu'un avertissement ou une possibilité que vous perdez pour vous-même ou peut-être pour votre groupe !

Chirurgie et Spiritualité

Certes, la chirurgie a fait d'énormes progrès ces dernières années,mais peut-on dire qu'elle apporte un pouvoir d'élévation à la pensée ?
Peut-on dire qu'elle prolonge toujours harmonieusement la vie ?
Peut-on dire qu'elle n'expérimente pas aussi souvent qu'elle agit par nécessité ?
L'Immortalité ne vient ni du scalpel du chirurgien ni des cicatrices qui déforment et amoindrissent le corps.

L'Eveil des Centres de l'Infini

La Lumière Une, différenciée par les diverses couches atmosphériques, vient frapper les centres de l'homme dont la réceptivité correspond aux différenciations de la Lumière.
Les glandes dans l'homme ne sont que des supports et des moyens d'expression de cette lumière.
Chaque centre a sa glande ou ses glandes pour recevoir et transmuer cette lumière en énergie, exprimée différemment selon la réceptivité du centre, et selon la conscience établie dans celui-ci.
Par l'éveil des centres, l'âme peut s'exprimer en prolongeant les sens physiques que l'homme moyen a seulement pu développer actuellement.
Le premier centre à éveiller est l'œil qui différencie sa lumière en deux rayons exprimés par les yeux de chair, et qui met l'homme en rapport avec les états de conscience les plus élevés qu'il est capable d'atteindre à ce moment-là.
Ces états de conscience font naître l'état Christique et l'Omniscience. Ils donnent le concept de l'Infini et sa réalisation.

Chaque centre de l'homme peut être illuminé par la jonction de la conscience de la rotation de ce centre avec l'énergie de la lumière de l'âme qu'il peut exprimer.
Ainsi chaque centre est une ouverture vers Cela, vers l'Infini.

Allumage des Feux

Précisément, les feux de l'homme s'allument par la jonction de la conscience de la rotation des centres, avec la Lumière Une différenciée qu'ils reçoivent de l'Infini.
Par l'allumage de ces feux l'homme s'élève au-dessus de la mort, et fait partie de la Communion des Ames que Nous appelons la Hiérarchie. Comprenez-vous l'importance de l'allumage des feux dans les centres de l'homme ?
Comprenez-vous le rôle de la conscience dans l'activité des centres ?

La Recherche des Valeurs

Il faudrait que l'homme rejette le matérialisme et se consacre davantage à la recherche de la Vérité.
Il faudrait qu'il recherche et qu'il puisse puiser aux valeurs les plus hautes.
Lorsque Je parle de la méditation, J'entends précisément la recherche de ces valeurs.
Ne demandez aucun pouvoir, ne cherchez aucun pouvoir !
N'aspirez pas à l'effet avant d'avoir découvert la cause !
Mais lorsqu'en vous-même vous avez trouvé la cause par la Lumière-Une qui allume et active les feux, qui fait se mouvoir les centres dans une rotation rythmique, les Pouvoirs viendront à vous, ils seront vôtres.
Mais il faut que vous compreniez que les véritables pouvoirs étant de la nature de l'âme, ne peuvent être prostitués ou employés dans des buts matériels ou égoïstes.
Pensez avant tout à éveiller en vous la vision de l'Infini, et protégez-vous par le Bouclier de la Dévotion.

La Dévotion

Vous pensez que la dévotion est une qualité périmée, et que votre esprit scientifique peut se passer de ce bouclier protecteur.
Ne savez-vous pas que l'orgueil sur l'échelle évolutive a fait bien des victimes ?

Pourquoi vouloir escalader seul la montagne, sans cordes, sans pic et sans le matériel indispensable ?
J'ai parlé de la Communion des Ames !
J'ai indiqué la Hiérarchie. Tendez-Lui la main, Elle vous enverra Ses Messagers !

Le Yoga de l'Infini

Il n'existe qu'un seul yoga, le Yoga de l'Infini, mais il y a divers modes de yoga adaptés au développement de l'individu, adaptés aux endroits, aux circonstances, aux tempéraments et au degré d'éveil de la conscience.
Le Yoga peut porter n'importe quel nom, il peut se plier et s'adapter aux besoins de chacun. Le Yoga de l'Infini éveille les feux, Il illumine le centre qui lui ouvre la porte.
C'est pourquoi Nous vous invitons à la Communion des Ames !
C'est pourquoi Nous vous indiquons les sommets les plus élevés !
C'est pourquoi Nous vous montrons l'Etoile !
Malheur à celui qui redescend pour le plaisir et la satisfaction de redescendre !
Malheur à celui qui se complaît dans la médiocrité, dans les bas-fond !
Malheur à celui qui retient les autres dans l'ignorance !

L'Arc-en-Ciel

Avez-vous compris l'importance de l'arc-en-ciel et de sa différenciation dans le cristal de votre âme ?
Avez-vous compris la différence des taux vibratoires, des énergies qui se meuvent dans et par vos centres ?
Avez-vous compris que le pur cristal de votre âme contient en lui toute la puissance de l'Arc-en-Ciel ?
C'est pourquoi, ô pèlerin Mon ami, Mon frère, Je te dis encore de chercher et de trouver le Cristal de ton âme, et par lui tu verras que de plus hauts sommets te seront encore accessibles.
Peut-on limiter l'Infini ?

L'Echelle Planétaire

S'il vous est dit d'éveiller en vous la conscience planétaire et d'appliquer l'Amour sans aucune distinction de race, ni de pays, ni de religion, ni de philosophie, ni de sexe, c'est pour permettre à la terre de recevoir de nouvelles énergies

qui apporteront à tous le plus grand bien. C'est pour permettre à de nouvelles forces d'adombrer les hommes, la nature et ses règnes. C'est pour permettre à tous un élargissement de conscience à l'échelle planétaire que seuls, jusqu'à présent, certains individus ou certains groupes étaient capables de recevoir et d'exprimer.
C'est afin de permettre à l'Amour Planétaire de s'élever jusqu'à la Conscience Cosmique.
Et encore pour lui permettre une réalisation nouvelle et plus vaste, ici-bas, sur la terre, au milieu des humains.

Appelez la Joie

Dans vos moments de découragement ou de dépression, pourquoi ne pas essayer vous-même d'appeler la Joie ?
Entourez-vous par la pensée d'une lumière blanche et répétez en centrant votre conscience sur l'œil de votre âme :
« mon corps tout entier est entouré de la blanche lumière protectrice de mon âme,
à travers cette pure lumière parvient jusqu'à moi la Joie Cosmique,
ainsi mon corps est nourri par la Joie,
et je donne la Joie à tous, je donne la Joie au monde entier. »

Redevables au Cosmos

Vous pouvez lire et relire cent fois des instructions sans en comprendre l'essence autrement que par le mental. C'est pourquoi il est demandé de chercher, de méditer, d'approfondir ce qui vous paraît incompréhensible.
Mais, si l'imagination, pouvoir créatif entre tous, ne fait pas retentir son appel, il n'y aura pour vous aucune joie dans la création, aucune expérience enrichissante !
Ainsi, cherchez à comprendre ; utilisez votre pensée !
Cherchez à expérimenter ; utilisez votre imagination !
Cherchez à voir ; utilisez votre troisième œil !
Ces trois pouvoirs sont à votre portée, il suffit de les développer en vous.
Mais n'oubliez pas que votre développement personnel doit être le couronnement de votre consécration au Service !
Ne cherchez pas les pouvoirs avant d'avoir compris qu'ils appartiennent à tous, ne les employez pas égoïstement, commercialement ou avec orgueil, car ils appartiennent au

Cosmos lui-même, et c'est à Lui que vous en êtes redevables, et c'est envers Lui que vous êtes responsables !

Participation

Bien souvent vous répétez des théories sans chercher à les comprendre, comment, alors, pouvez-vous les mettre à exécution ?
Transposez en votre esprit ces théories en termes d'énergies, et voyez comment celles-ci agissent en vous et autour de vous !
La pensée et l'imagination combinées créent la force et l'image qui s'animent sous le Souffle Vital.
« ... Et Dieu souffla dessus pour leur donner la vie... »
N'est-il pas merveilleux de comprendre le rôle que l'on peut jouer dans la création ?

Responsabilité de l'Intelligence

Les histoires, mythes, légendes et paraboles ont été donnés pour ceux qui, à l'époque, ne pouvaient en comprendre le sens caché.
Mais de nos jours, beaucoup peuvent percevoir directement, et réaliser en mettant en pratique les indications données presque sans voile.
L'intelligentsia est responsable de la planète ainsi que de la masse des hommes et des règnes : animal, végétal et minéral.
Ceci devrait être compris avant de manier les nouvelles et immenses Forces qui, actuellement, se déversent du Cosmos sur la terre, et ont été invoquées par les pouvoirs humains.
Qu'il soit permis au cœur, lui aussi, de créer par l'Amour Christique, par l'Amour Cosmique.
Lui seul permettra la poursuite de l'Evolution et empêchera que la catastrophe Atlantéenne se renouvelle.

Avertissement

La destruction peut se réaliser également à l'échelle individuelle chez les êtres orgueilleux et inconscients qui cherchent la gloire par les pouvoirs !
Combien de corps sans âmes circulent dans le monde !
Combien de troubles et de maladies mentales et psychiques !
La Loi du Karma est juste.

Avant de demander ou d'accroître en vous les pouvoirs supranormaux qui, Je l'ai dit, dérivent des énergies cosmiques adaptées aux sens affinés, soyez ouverts, conscients et responsifs au Cosmos et à ses influences, sinon bien des ennuis pourraient arrêter votre évolution.
Les gains acquis par l'orgueil ne sont valables que pour une vie, et encore !
Mais cette vie peut détruire d'un seul coup, tout l'avancement de plusieurs autres existences.
Aussi, que vos aspirations soient pures et libres de tout égoïsme !
L'orgueil a coupé plus de têtes que la hache de l'échafaud.

L'Etoile qui Guide et Soutient

Place sur ta tête le Calice d'Or — ta Mitre — et déposes-y ton bien le plus précieux.
Déposes-y le « moi » que tu ordonnas et consacras jadis...
Laisse-le flotter sur les Grandes Eaux de la Vie Cosmique où un courant se déjouant de la gravitation, t'emportera, te soulèvera vers les mondes que tu dois connaître et vers ton avenir !
Ne recule jamais devant l'effort ni devant le doute.
Repousse les ténèbres par la Lumière de ta seule présence.
Ami ! L'heure est proche ! Pénètre-toi du sens caché des Ecritures Sacrées ! Approfondis ! Médite, et deviens l'Etoile qui guide et qui soutient !

Aura de la beauté

Il a beaucoup été insisté sur la solennité qui crée la beauté.
Non seulement les auras des hommes devraient être harmonieuses et équilibrées, mais elles devraient montrer leurs couleurs pures et claires.
La terre elle-même devrait rayonner d'une aura identique.
Les passions, les haines collectives, l'âpreté au gain, s'inscrivent chaque jour sur l'aura de la terre et ajoutent au fardeau des désincarnés.
C'est pourquoi il vous est demandé de vous élever vers Nous en acceptant la Beauté comme droit de passage et d'entrée dans la Hiérarchie.

Cultiver un Idéal

Pour ceux d'entre vous qui sont indolents, paresseux ou indifférents, il serait bon de choisir un Idéal et de s'y

attacher, afin que par lui, descende la Grâce divine qu'il renferme.
Chaque Idéal possède une source intarissable d'énergie. Vous feriez bien de vous abreuver à cette Source afin que votre âme ne se dessèche pas par l'égoïsme, où qu'elle ne meure, étouffée par l'indifférence.
Tant d'idéaux sont à la portée et à la mesure de chacun !
Aucun disciple n'a le droit de laisser son âme se dessécher !
Aucun disciple ne peut vivre dans la solitude de son petit moi !
Aucun disciple ne peut faire le vide autour de lui !
Tous les efforts doivent s'unir et coopérer afin que puisse se manifester, et marcher parmi les hommes, le Grand Etre que tous vous attendez !

Energie du Désir

On vous a dit de détruire ou de rejeter tout désir, mais comment pourrait se manifester sur la terre, la réalisation des pensées que tous vous engendrez ?
Bien sûr ! L'être matérialiste désire les possessions, il désire la gloire, les honneurs et tous les biens matériels. Mais celui qui a compris et qui se détache des biens terrestres, comprend que le désir est une énergie.
Comprend que cette énergie est indispensable pour que l'action se réalise sur le plan matériel.
L'action est la concrétisation dans la matière, de la pensée dirigée, nette et transcendante. Combien de bonnes pensées se meurent, n'étant pas fécondées par l'énergie du désir ; énergie du désir-énergie psychique élevée, qui doit nourrir le germe de la pensée, et lui donner la possibilité de se réaliser dans l'action.
Oui ! L'action est indispensable à tous les degrés de l'échelle évolutive.
Le repos nirvanique n'est que temporaire. Vous le savez !
Notre Seigneur le Bouddha lui-même renonça au nirvana en voyant la misère de Son Peuple.
En équilibrant en soi l'action et l'inaction, on se conforme aux règles et au rythme de l'Univers.
Le monde évolue chaque jour, chaque minute !
Penser n'est plus le privilège de quelques uns. Travailler n'est plus pour la masse le joug qui asservit.
C'est pourquoi l'équilibre est urgent et attendu, afin que l'harmonie crée un monde plus stable et meilleur.

Valeur du Symbole

La concentration consiste à rassembler des sujets en un seul point.

Elle est la centralisation des énergies de ces sujets, qui, unies en un seul point invisible et symbolique, réunissent la force, l'énergie et les possibilités du symbole.

C'est pourquoi, lorsque vous faites appel au symbole, vous en recevez l'énergie concentrée qui peut diriger vers la création et vers l'action.

Un code d'Honneur pour la Vie

Ne rétorquez pas que certains grands de la terre agissent d'abord et pensent ensuite !

Peut-être sont-ils inspirés par de plus Grands Etres ! Peut-être qu'ils sont capables de puiser les énergies et les indications, là où Nous avons inscrit les données du Plan, là même où se trouvent les Energies pour la réalisation !

Chacun peut être « Grand » sur la terre, s'il peut, en construisant le Pont, toucher certaines ondes porteuses de messages, de directives et d'instructions.

Toutes les indications vous ont été données...

Il suffit de les rassembler, de les étudier, de les réaliser, et d'en faire un Code d'Honneur pour votre vie.

Alors l'inspiration, l'intuition, viendront à vous, et vous serez à même d'instruire et d'accomplir, parce que vous serez dirigés par Nous, et parce que vous serez un des Nôtres.

Le Nouveau Message

Je reprends pour vous un certain passage de l'Evangile : « ils vous diront : Il est là, Il est ici, n'y allez pas... »

Bien des Messagers sont envoyés pour préparer la Voie, bien des Messagers sont envoyés pour préparer la foule, bien des Messagers sont envoyés pour préparer le monde à recevoir le Nouveau Message...

Folie Collective et Obsession

Vous souriez lorsque Nous vous parlons d'obsession, parce que vous baignez dans son atmosphère et que vous ne la percevez plus.

Mais que pensez-vous de ces meurtres collectifs, de ces ivrogneries collectives, de ces gloutonneries collectives ?

Etes-vous si éloignés de la véritable éthique pour ne pas voir en cela des marques de folies collectives et d'obsessions ?
Etes-vous si aveugles et si sourds pour ne pas comprendre les avertissements donnés contre la dégénérescence ?
Etes-vous si égoïstes pour ne pas souffrir en voyant les milliers de victimes dans toutes les catastrophes terrestres ; en voyant les milliers de victimes des inondations, des tremblements de terre, des tempêtes ; en voyant les éléments déchaînés par les dérèglements des hommes eux-mêmes ?
Que faut-il faire, ou que faut-il dire pour que cessent ces exagérations matérialistes ?
Réapprenez la simplicité, réétudiez la nature, écoutez le cœur !
Elevez vos pensées et priez pour la préservation de la terre !

Vision de l'Unité

Vous allez d'une diversité à l'autre sans même voir qu'elles existent !
Les diversités sont créées par chacune de vos pensées, de vos émotions, de vos actions. Par elles, vous ajoutez de nouveaux maillons à la chaîne de l'illusion.
Vous passez de votre maison au bureau, de votre table à l'église, de votre méditation à la table de jeu...
Et chaque fois, vos pensées et vos émotions se fixent sur d'autres objets, sur d'autres sujets !
Ne divisez pas votre vie en compartiments étanches, mais habituez-vous à la vision de l'Unité !
Que dans votre cœur et dans votre pensée, la flamme reste toujours allumée ! Qu'elle soit le centre d'où partent vos pensées, vos émotions et vos actes !
Derrière cette flamme, et à travers sa lueur et sa chaleur, vous aurez la vision de l'Infini !

Le Pont qu'il faut Traverser

La vision de l'Infini se fait dans et par le cœur. La vision du cerveau se fait par le sang qui se purifie dans le cœur. Lorsque le mental, calmé et reposé peut se taire, il monte vers le Pont étroit qu'il faut traverser, et où chaque pas apporte une force nouvelle qui rend la traversée moins dangereuse et plus pratiquable.

Beaucoup d'entre-vous se trouvent sur ce Pont, car vous cherchez en vous et autour de vous la vision de l'Unité. L'Unité entre le bas et le haut, entre l'homme terrestre et l'homme spirituel.
Sur l'autre rive vous trouverez la Joie, la Beauté, la Connaissance, la Lumière et l'Immortalité.
Sur l'autre rive, l'homme maîtrisé peut commander à volonté à ses pensées ordinaires, à ses émotions et à ses actions.
Là, il est conscient de sa royauté, de sa maîtrise, il est conscient que sa force anime les forces, et il ne donne la vie qu'à ce qu'il y a de plus élevé.
Ainsi seulement l'homme peut être régénéré et sauvé des liens terrestres qui le rivent à la planète.
L'homme est crucifié à chaque instant dans la matière qu'il fait sienne ; ses souffrances libèrent de plus grandes forces pour engendrer l'action !

Rayon de l'Ame et Immortalité

Vous avez eu la vision de la transmutation de la matière.
Vous connaissez le mystère du rachat de l'homme par le rayon lumineux de l'âme qui unit la partie au tout.
Dans ce mystère, la vie et la mort sont un, car le soleil s'unit aux ténèbres pour les dissiper.
Ainsi, dans le tout, la vie et la mort sont continues, les deux devant s'unir pour former l'immortalité.

La Voie du Rédempteur

Vous dites que l'Amour conduit à la joie, mais ne conduit-il pas aussi à la souffrance ?
L'homme atteint l'illumination en voyant l'Amour perméer chaque chose et le refléter dans chaque chose.
L'illumination cosmique est identique à l'illumination humaine, mais le poids de ces illuminations peut être trop lourd pour l'âme. Alors l'homme se penche vers la terre et regarde ses souffrances...
Il entend les cris d'appel, de détresse et de désespoir...
Il voit couler les larmes, il voit les mains qui se tendent...
Il comprend la souffrance des animaux, des plantes, de tout ce qui vit...
Il comprend en même temps son impuissance à panser toutes les plaies...

Alors, il s'élève vers la Connaissance qui peut donner le pouvoir de guérir, et une joie nouvelle surgit en lui : La joie de l'identification avec Cela qui est Pouvoir de Connaissance et d'Amour.
Comblé par ces Forces, l'homme retourne encore à la terre, bien qu'il ne soit plus de la terre. Son rôle de Sauveur et de Rédempteur se poursuit à travers les âges.

Régénération d'un Corps après « Décès »

Vous avez trouvé stupide la remarque d'un homme d'état affirmant la mort et la « résurrection », quelques années plus tard, d'un des plus grands hommes actuels !
Vous n'avez pas compris que ce grand homme était « accusé » d'avoir changé grâce à l'élargissement de sa perception pendant sa période transitoire !
Ne savez-vous pas qu'un corps décédé peut être même enlevé de la tombe pour être régénéré et instruit, afin qu'il poursuive sa tâche consacrée au Bien Général ?
Beaucoup souriront à cette remarque et n'en croiront rien, mais si vous consultez certaines annales, vous pourrez constater que ce fait a toujours existé et qu'il continue à travers les âges !
Ceux qui sont capables de manier les courants peuvent aussi accomplir ce « miracle », mais ces courants ne sont que des conditions et des applications venant des mondes supérieurs !

Critique du Nouvel Enseignement

Les trois Livres sont écrits pour la masse, Je l'ai souvent répété !
Et ils seront interprétés différemment selon le degré d'ouverture de la conscience des lecteurs.
Ne soyez pas offusqués, ni découragés par les rapports qui vous en sont faits ! Les hommes sont si peu sincères avec eux-mêmes ! Ils ne peuvent juger que d'après leur propre état d'âme et avec des pensées déformées ainsi que des préjugés !
Demain peut-être jugeront-ils différemment !
La gratitude envers ceux qui se consacrent à l'éveil de la masse, au service du monde, n'est en général pas de mise...
Seuls ceux qui savent peuvent comprendre, admettre et remercier !

L'Instructeur est lié à l'élève ou au disciple sténographe par une dette de reconnaissance.

Que tous ceux qui « reçoivent » soient indulgents, généreux et reconnaissants, mais l'orgueil et la suspicion humaines sont si répandus et si malfaisants, qu'ils tentent même de supprimer toute expression des Forces Blanches.

Pouvoir et Danger de la Suggestion

La plupart des maladies psychiques, nerveuses et mentales peuvent être guéries par la suggestion, mais encore ne faut-il pas faire de la suggestion ou de l'auto-suggestion une autre maladie, qui affaiblirait la volonté, rendrait indolent ou résigné, ou qui conduirait à l'obsession.

En tout il faut la juste mesure et une ferme volonté.

Contrôle de la Pensée

Se contrôler est bien ! Méditer est bien ! Mais pouvoir diriger l'énergie de ses pensées est mieux !

Cependant, combien se laissent diriger par leurs pensées et sont incapables de les faire taire. L'obsession peut être amenée par des pensées non contrôlées qui se nourissent de la substance même de celui qui les génère.

Pouvoir dominer ses pensées est une protection pour l'économie de l'énergie psychique.

Dans la discipline de la méditation, devrait aussi intervenir l'arrêt de toute pensée.

Les Messages

Vous avez entendu dire que les messages provenant des Grands Etres ne pouvaient être dictés avec une telle fréquence.

Nous seuls pouvons juger d'après les possibilités du récepteur et d'après les besoins du monde.

Qui d'autre peut juger ? Qui peut critiquer et semer la suspicion et la dérision ?

Dans la condamnation des messages, il y a autant d'orgueil que de jalousie spirituelle, mais le plus humble de Nos serviteurs peut être plus grand que le plus grand leader qui est un détracteur !

Aux Détracteurs

Est-il réellement utile ou nécessaire de mettre les autres en garde contre quelqu'un ou contre quelque chose ?

Souvent le détracteur choisit les cerveaux hésitants ou faibles pour y semer les germes du doute et de la confusion, pour y semer les ténèbres.

Ainsi, la plupart des détractions qui jettent une panique spirituelle ou morale, sont l'œuvre des ténèbres qui veulent diviser et régner !

Avant de tendre une oreille complaisante à de tels propos, avant de demander des conseils ou explications à qui que ce soit, interrogez-vous vous-même. Votre âme seule est capable de comprendre !

Souvenez-vous qu'il vous faut sans cesse lutter pour le Bien, et faites taire immédiatement les détracteurs et leurs propos malveillants !

Dans le Doute, Abstiens-Toi

On peut rétorquer qu'il est parfois utile de prévenir les autres d'un mal, puis-Je affirmer que cela est très rarement le cas, et qu'il vaut mieux s'en référer à la phrase :

« dans le doute, abstiens-toi ! »

Ce qui est nocif pour l'un, ne peut nécessairement pas l'être pour d'autres.

L'énergie est une. Lorsqu'elle pénètre dans un canal ouvert, son courant peut poursuivre la route et créer et fortifier le positif. Mais lorsque le canal est obstrué ou dévié, il peut devenir dangereux et tuer de nouvelles possibilités.

L'Amour est le préservateur du canal de l'énergie ! Le Cœur est le canal de toutes les énergies !

Ainsi, rejetez tous les arguments qui ne viennent pas du cœur, ce sont eux qui obstruent et dévient le canal !

Offense Envers la Hiérarchie

L'Instructeur est toujours le premier critiqué par celui qui ne comprend pas, par celui qui se berce d'illusions, par celui qui attend des faveurs spéciales, par celui qui attend des pouvoirs ou des récompenses !

Ainsi, vous pouvez reconnaître les détracteurs, et vous saurez que celui qui ne peut rester fidèle à l'Instructeur, barre lui-même la voie qui le conduit à l'accomplissement.

Le manque de reconnaissance envers l'Instructeur est une offense envers la Hiérarchie et envers Son Chef !

Reconnaître la Transformation

En effet, il est difficile de reconnaître, après une période d'isolement, les faits et gestes de celui qui a reçu le don de la Connaissance par l'élargissement de sa conscience ou grâce à une Illumination !

Combien d'amis et d'ennemis ne trouvera-t-il pas sur sa route ?

Combien il est difficile pour les hommes qui se cristallisent, d'admettre que d'autres puissent changer et s'améliorer !

Le reconnaître, c'est admettre sa propre stagnation, et qui peut le faire ?

Ainsi, il vaut mieux avancer toujours et toujours en restant sourd aux rappels et aux reproches du passé !

Concept de la Hiérarchie Invisible

Ne pensez pas qu'il soit moins difficile de pouvoir se libérer des liens sentimentaux ou d'amitié que de pouvoir se soustraire aux tentations des biens matériels !

Il faut encore et encore faire des expériences, souffrir et être déchiré pour comprendre ce qu'est le détachement total et pour le réaliser.

Et bien souvent, si Nous n'aidions pas à la libération des liens, les hommes resteraient rivés à la terre irrémédiablement.

Personne n'appartient à personne ! rien n'appartient à personne !

L'amour humain n'est que le reflet de l'Amour Cosmique, et, en son temps, il faut quitter l'image pour aller vers la réalité.

Ainsi, comprenez pourquoi Nous insistons sur le détachement, et pourquoi le concept de la Hiérarchie invisible est un soutien !

De l'invisible on peut mieux se diriger vers le Cosmos !

Travailler pour le Bien Commun

En vérité, l'homme moyen ne cherche qu'à satisfaire ses sens, sans penser au mal qu'il fait en lui et autour de lui, sans penser qu'au lieu d'unir, il divise et sépare.

Combien il est difficile d'aligner ses actes sur ses paroles, surtout avec l'idéal spirituel que l'on entrevoit et auquel on aspire !

Combien pour Nous, il est difficile d'avoir des disciples qui peuvent s'oublier et vivre en conformité avec Nos Lois !
Combien il est difficile pour ces disciples de réaliser minute après minute le travail qui leur est demandé et qui doit être accompli pour le Bien Commun !

Le Désœuvrement

Le désœuvrement fait beaucoup plus de victimes que vous ne pourriez le croire. Par désœuvrement, J'entends le manque de travail juste et correct sur tous les plans.
On est désœuvré lorsqu'on travaille automatiquement sans penser à ce que l'on fait ! On est désœuvré lorsqu'on travaille sans user de discernement !
En vérité, il est bon pour beaucoup d'avoir un travail régulier et fixe, afin d'éviter les fautes et les erreurs qui proviennent du désœuvrement.
Mais à ceux qui n'ont pas de travail fixe et sont par là enclins au mécontentement et à l'irritation, à la paresse et à l'oisiveté qui génère l'orgueil, l'envie et le réveil des sens inférieurs, à ceux-là il faudrait un programme de vie qui règlerait au jour le jour le travail à exécuter, qui ne permettrait aucun repos ni retard dans son exécution.
La rêverie corrode la vigilance et amoindrit la volonté et l'énergie de l'action.

Découverte de la Vie

L'expression de la vie est une illusion qui se poursuit à travers les multiples formes. L'expression de la vie s'agrandit dans les formes mêmes et se découvre elle-même au moyen des illusions.
De désillusions en désillusions, l'homme avance dans la découverte de son âme pour, après, s'en affranchir.
La vie extérieure n'est pas un jeu de hasard que l'homme jouerait pendant quelques décades, elle est un instrument à connaître et à manier pour la découverte du Cosmos.
Vous devez méditer davantage sur la vie !

Où est l'Instructeur

Si l'on vous dit, à vous : « Il est là », regardez dans votre cœur, regardez dans votre âme, dans votre esprit !

Si vous L'y voyez, soyez humbles car l'orgueil pourrait détruire le canal qui vous unit à Lui. Contentez-vous de rayonner et de transmettre Son Amour, Sa Paix, Sa Force.
Si au contraire, vous ne L'y trouvez pas, ne courez pas vers l'un ou l'autre de ceux qui se disent ses messagers, et qui ne sont pas Lui.
Aucun messager n'est plus grand que Celui qui habite votre cœur !

Education Nouvelle

L'éducation primaire des enfants doit être radicalement transformée.
Jusqu'à l'âge de sept ans, l'enfant a besoin de sa mère, ou d'une femme dévouée, maternelle qui, éventuellement pourrait la remplacer.
Jusqu'à l'âge de sept ans, l'enfant devrait observer et étudier la nature, il devrait apprendre le processus de la Vie-Energie Une s'exprimant à travers les formes multiples.
Il faudrait montrer à l'enfant la beauté de tous les règnes et lui faire comprendre que tous ces règnes existent en lui et que, par cela, il faut partie de tous les règnes.
Il faudrait lui montrer les astres qui animent le Cosmos et lui faire voir la petitesse de la terre. Il comprendrait ainsi l'unité de la terre avec le tout. Il saurait qu'il doit aider et respecter la nature. Il saurait qu'il doit aimer et respecter ses frères, les hommes, parce que tous et tout procèdent de la même Vie-Energie.
L'enfant peut tout comprendre, peut-être mieux que vous car il est encore plongé dans les courants extra-planétaires que, depuis longtemps, vous avez oubliés et auxquels vous êtes indifférents.
Les vrais occultistes devraient fonder des écoles sur ces nouvelles bases qui prépareraient les petits à l'accession aux Ecoles des Mystères qui, prochainement, seront établies sur la terre.
C'est une tâche immense pour les adultes de faire connaître le Divin aux enfants qui sont si près encore de Dieu !

Pleine Lune

Il faudrait que les spiritualistes et les occultistes se penchent davantage sur la signification des pleines lunes !
Ils devraient connaître les énergies déversées pendant ces périodes. Ils devraient savoir jusqu'à quel point ces énergies

les influencent ; dans quelle direction, dans quel champ d'élévation, d'expression et de réalisation.
Le disciple capable de s'élever au-dessus de lui-même dans une conscience planétaire toujours croissante, devrait comprendre quelles possibilités sont alors données pour la terre, et il devrait employer ces énergies pour réaliser le Plan, dont un côté est emphasé différemment chaque mois.
Bien sûr, il faut d'abord se connaître et se développer ; mais conjointement, il faut aider à la manifestation du Plan, et se préparer chaque mois quelques jours avant la pleine lune, pour que le cerveau puisse capter les Intentions Divines qui devront s'exprimer et être réalisées pendant le mois qui suit.

La Lune

Vous pouvez aussi constater combien votre caractère est influencé par les énergies de la pleine lune.
Ce n'est pas sans raison que les anciens vénéraient cet astre. Mais leur fanatisme les a fait sombrer dans la magie noire, et a conduit de nombreuses générations à leur perte.
Heureusement, de nos jours, le cerveau humain se perfectionne et se libère des superstitions et de la magie inférieure.
La lune, intermédiaire entre le soleil et la terre, vit d'une vie végétative, comme un corps sans âme. Ses émanations sont néfastes et affectent les organismes qui y sont responsifs.
C'est pourquoi il faut élever sans cesse le taux de ses propres vibrations, afin que l'organisme réponde davantage aux vibrations plus subtiles des astres évolués.
Néanmoins, la lune a un rôle très important à jouer vis-à-vis de la terre.
La dévotion, la réelle connaissance, la solennité et la beauté élèvent la vie végétative physique humaine jusqu'à la vie de l'âme et de l'esprit.
La vie est une ! Elle évolue de spirale en spirale par la soi-conscience depuis la vie de l'atome jusqu'à la plus haute vie cosmique.

L'œil de l'Ame

La soi-conscience de l'âme évolue avec la progression de l'œil de l'âme.

Sur les anciennes gravures on peut voir un œil au milieu d'un triangle, et au-dessus, l'inscription « Dieu voit tout ». Cette simple phrase éveillait trop souvent la crainte dans les âmes et les consciences.

A présent que vous connaissez ou que vous pouvez voir en vous, la naissance du triangle supérieur de la tête, dont les pouvoirs de la pensée et de l'imagination ont créé le contour lumineux, l'œil de votre âme s'ouvre progressivement, et en dessous de lui, votre cœur qui parle fait entendre ces mots : « je vois tout » !

Ceci dissipe toute crainte parce que vous savez qui est le « je » !

Nature du Je

Le « je » n'est pas la goutte d'eau de l'océan qui se regarde et se voit seule dans l'immensité qui anime sa grandeur.

Au contraire, le « je » de l'âme est la goutte d'eau perdue dans l'immensité et qui connaît son unité avec l'océan.

Cette goutte connaît sa force et son pouvoir.

Bien ridicule est la goutte d'eau qui se regarde, et tente d'annihiler par sa petitesse, l'océan tout entier !

Maîtrise de la Mort — Immortalité

Vous avez raison de dire qu'il faut porter une grande attention aux influences planétaires qui président à la conception de l'enfant, et qui agissent tout au long de la portée maternelle, pour construire le corps physique, support et véhicule de l'âme et de l'esprit !

Ces mains invisibles ajoutent à la cellule fécondée pour en faire neuf mois plus tard, un homme miniature.

Plus tard, seul l'homme doit répondre consciemment ou non à ces influences qui poursuivent leurs tâches multiples la vie durant.

Vous pouvez appeler immortalité, la connaissance et la coopération avec ces Hiérarchies Créatrices pendant toute la durée de votre vie.

On ne naît pas un Maître de la mort, on le devient progressivement après bien des luttes, des souffrances dans toute une chaîne de vies.

Premières Secondes de la Naissance

Il est évident que les premières secondes dans la vie physique de l'enfant, comptent pour beaucoup et l'influenceront pendant toute sa vie.

Le Souffle Divin qui féconde la vie physique lors du premier respir par les narines, ouvre les poumons et s'inscrit dans le cœur.

O merveilleux point d'amour dans le cœur de l'homme-Christ en devenir ! Centre d'un lotus resplendissant comme le soleil, et qui se projette jusque dans le cerveau, y formant le Point de Lumière qui répondra à la conscience du Père !

Mais quels sont les parents qui, avant la naissance se préparent eux-mêmes afin de faire de leur enfant, le Temple du Dieu en devenir ?

Cosmonautes de l'Infini

Le Livre de la Vie ne serait pas digne de ce nom, s'il n'apportait quelques données nouvelles sur la Vie elle-même.

L'Ere de l'Espace ouvre le ciel à l'horizon borné des hommes, Elle leur montre l'Infini, substance même de la Vie qui crée, se renouvelle et se perpétue dans le cosmos tout entier.

Je demande à tous de devenir des cosmonautes de l'Infini. Non pas à l'aide d'engins matériels, si perfectionnés soient-ils, mais par la connaissance et l'emploi des énergies de plus en plus subtiles qui sont latentes ou à peine éveillées en vous.

Cherchez ces énergies en vous mêmes, harmonisez-les à leurs parentes cosmiques ! Et soyez ce pourquoi vous êtes placés sur terre !

La Loi d'Evolution

L'âme peut s'élever et grandir en suivant les chemins qu'elle se trace par la Beauté, la Culture, la Justice.

Mais l'âme peut aussi rester stagner dans les bas-fonds, en se complaisant ou en restant indifférente dans l'ignorance, la laideur et l'injustice. En refusant les opportunités d'expériences qui lui sont offertes par la vie. En se complaisant dans des moyens d'existence indignes ou injustes. En acceptant l'argent qui n'est pas purifié par le travail.

Ainsi, bien des points restent encore à élucider par ceux qui désirent épanouir le lotus de leur âme.

Prendre et Donner

N'acceptez rien pour rien ! Lorsque le don n'est pas payé en retour, il devient une usurpation, un vol !
L'harmonie et l'équilibre ne sont établis que par le mouvement aller et retour. Ne pensez pas que l'argent seul puisse jouer le rôle d'équivalent.
Non ! Un don peut aussi se payer en Beauté, en Aide, en Service !
Cet inter-échange est une Loi dans tout le Cosmos, et montre davantage la réalité des énergies que la valeur matérielle des dons.

Le Droit de Donner

Quand donc l'homme perdra-t-il l'habitude d'attendre des autres ce dont il a besoin, ou ce dont il croit avoir besoin ?
Le seul droit de l'homme dont l'âme est développée, est de donner et donner encore, sachant que rien ne lui appartient et que tout doit être le partage de tous.
Sachez que c'est en donnant que vous vous construisez une personnalité forte et magnétique, tandis qu'en demandant vous vous abaissez au rang des mendiants et des voleurs.
Ne croyez cependant pas que l'orgueil peut souiller ce que vous donnez à votre frère.
Je le répète encore : rien ne vous appartient, ce que vous donnez appartient au Tout !
Sachez que s'il vous est permis de donner, c'est parce que vous-même avez reçu.
La reconnaissance doit toujours habiter votre cœur, aussi bien envers celui qui vous donne qu'envers celui à qui vous donnez, qui vous permet de libérer votre coupe pour qu'elle puisse se remplir et se renouveler.

La Victoire vous Attend

Vous pourriez demander quel aimant vous est indispensable pour attirer les Forces Cosmiques ?
Votre corps, est-il propre, pur et docile ?
Vos émotions n'entravent-elles pas votre élévation spirituelle ?

Vos pensées sont-elles concentrées et disciplinées ? Pouvez-vous vous en servir comme d'une flèche pour la lancer vers l'objectif à atteindre ?
Si oui, vous êtes prêts, vous êtes l'aimant ! Mais n'oubliez pas de porter sans cesse vos boucliers de l'amour, de la dévotion et du travail.
Ainsi armés et protégés, soyez certains de la victoire. Elle vous attend.
Mais vous, qu'attendez-vous pour vous aligner sur elle ?

L'Orthodoxie

Oui ! Le noir est l'absence de lumière, mais où existe le noir ?
En vérité, le noir est une création de l'homme qui veut se soustraire à la lumière.
Même dans l'ombre la lumière existe. Elle existe même dans les nuits les plus sombres, et vous pouvez voir dès que vos yeux s'habituent à l'obscurité.
Même un aveugle peut se diriger et trouver sa route !
Alors, où est le noir ? Où est l'absence de lumière ?
Celui qui s'enfonce dans l'orthodoxie ne peut dépasser les limites de sa cage. C'est pourquoi, il faut que vous restiez vigilants et ouverts à tout ce qui est neuf. Il faut que vous restiez sans cesse prêts pour l'inhabituel.
Nul ne connaît à l'avance l'heure à laquelle Je viendrai frapper à sa porte. Sachez que pour Me reconnaître et pouvoir M'ouvrir, il faut que vous rejetiez toute peur, toute crainte, et que vous connaissiez Mon mot d'ordre : Fraternité Universelle !

Les Nations

Les nations sont des réservoirs d'individus, de groupes d'individus, qui constituent des énergies et des groupes d'énergies.
Vous pouvez voir quels réservoirs sont sains et vivants, et quels autres sont stagnants ou en état de corruption.
Les nations sont aussi des individualités planétaires, nourries par les énergies, les fluides émis par les hommes.
Ainsi, chacun est responsable de la nourriture qu'il donne à sa nation. A travers sa nation, chacun est responsable de la planète terre et aussi du système solaire et du cosmos tout entier.

Par là, vous voyez l'urgence de la purification à entreprendre.
Oui ! Il est grand temps que chacun fasse un effort pour comprendre !
Il est temps de savoir que le Feu doit purifier les centres des hommes, aussi bien que les centres planétaires, pour qu'ils soient responsifs à des énergies plus hautes.

La Plus Haute Fonction

Le détachement des biens de ce monde, l'oubli de soi et la volonté de traverser les difficultés, le courage d'entreprendre pour lutter pour son idéal, tout cela constitue une bénédiction et un but en soi.
Celui qui est prêt et qui n'ose pas est un lâche, il obstrue le canal et retarde la purification et l'évolution de la planète.
En vérité, travailler pour la Hiérarchie et pour Son humanité est la plus haute fonction à réaliser ici-bas.
Elle dépasse toutes les fonctions à l'échelle humaine.
Il n'y a ni grands ni petits travailleurs à l'échelle hiérarchique, tous sont des engrenages indispensables pour l'harmonie du Tout.

Le Leader au Service de la Synthèse

Il a beaucoup été insisté sur la formation, le travail et les responsabilités d'un leader. Il a été aussi beaucoup question de l'unification, de l'unité, de la synthèse.
Le vrai leader d'une communauté, petite ou grande, doit connaître et appliquer la synthèse dans son esprit et dans les lois. Il doit posséder en son esprit et en son cœur toutes les fibres capables de répondre aux besoins de ses membres, et toujours rester ouvert pour une unification plus grande, par sa propre responsivité aux influences cosmiques.
Un leader qui ne connaît pas la synthèse ne peut toucher la vraie Lumière pour diriger, guider et aider ses membres, matériellement et spirituellement.
Le leader qui n'est pas responsif aux influences cosmiques, qui ne peut capter les directives d'en Haut, de la Hiérarchie et du Plan, est un canal obstrué qui ne distribue pas l'eau nécessaire pour abreuver les siens.
C'est pourquoi Nous insistons encore sur les qualités que doit avoir le leader pour que son travail exercé dans les

couches inférieures, ne corrompe pas les eaux qui doivent être distribuées.
C'est pourquoi Nous souhaiterions voir l'esprit de synthèse enseigné et appliqué dans toutes les institutions qui se réclament être au service du monde et de l'humanité.

Concept de la Hiérarchie

La connaissance du concept de la Hiérarchie, marque un pas en avant dans l'évolution de l'homme, car la Hiérarchie constitue le pas suivant.
La Hiérarchie est l'intermédiaire entre le Cosmos et l'homme, Elle est un point central entre le visible et l'invisible. C'est Elle qui dirige la barque fragile sur l'océan de la vie.
Beaucoup sont sceptiques et refusent d'accepter ce concept. Ils veulent voler de leurs propres ailes, croyant être assez forts pour se diriger seuls.
Mais combien de ceux-ci sombrent dans le marécage d'une personnalité orgueilleuse !
Ainsi, vous qui connaissez la Hiérarchie, restez unis à Elle, restez unis entre vous, et soyez vous-même un intermédiaire entre les hommes — vos frères plus jeunes —, et la Hiérarchie — vos Frères Aînés —.

Télépathie et Réceptivité des Messages

Il y a différentes sortes de télépathie !
Il ne Nous est pas toujours possible de trouver les êtres dont les possibilités répondent aux conditions vibratoires de ce qui est à dicter, ni aux conditions vibratoires du moment.
Tout doit être synchronisé pour le spirituel comme pour le matériel afin que le mécanisme réponde fidèlement aux impressions.
Cependant, beaucoup pourraient Nous aider et prendre Nos Messages s'ils le désiraient...
Tant d'êtres sont prêts mais ne le savent pas, parce qu'ils ignorent le mécanisme de transmission et de réception, pourtant si simple, parce qu'ils doutent d'eux-mêmes et de leur possibilités.
Ceux qui critiquent ne sont certainement pas les plus aptes à Nous servir, même s'ils le désirent et font le nécessaire. Un mental critique détruit toutes les possibilités et attire à lui un karma bien lourd.

Ainsi, ne critiquez jamais, ne jugez jamais, mais préparez-vous et entrez en harmonie avec l'énergie vibratoire et l'Instructeur, c'est ainsi que les deux auras pourront fusionner et vibrer au même taux. Peut-être alors, pourrez-vous être utile au monde et recevoir Nos Messages.
Faites d'abord taire votre personnalité pour avoir accès à ce qui appartient à tous.
Mais il est bien plus simple de critiquer que de faire l'effort...

Signification du Aum — Pouvoir du Feu

Oui, il faudrait que l'occident se penche davantage sur les anciennes écritures de l'est. Là sont manifestement donnés les enseignements et les directives d'unification du microcosme au macrocosme.
Heureux celui qui peut, à l'aide de la Lumière froide, et sans motif égoïste, se pencher sur l'étude des centres dans l'homme et sur les lois de correspondance !
Celui-là reconnaîtra la signification du AUM !
AUM, le Pouvoir du Feu, du cercle de Feu que constitue l'éternité partant des mondes les plus subtils et descendant jusqu'à la planète et au-delà.
Puis, poursuivant son œuvre de rédemption, dans et par le Feu... le AUM crée le nouvel homme, et par lui, la nouvelle terre.
Le feu de l'esprit créateur de l'homme manifeste la rédemption par son ascension en l'homme lui-même. Ainsi, la matière se régénère, la matière est rachetée.
Marie devient la Reine du ciel et de la terre !
Le Feu de l'Esprit manifesté par la Quatrième Hiérarchie, la hiérarchie humaine, provoque l'évolution et libère des attaches terrestres par le pouvoir destructeur de ce même Feu, Tout Unifiant !
Par lui, et grâce à lui, l'Esprit immortel de l'homme peut remonter à sa source, à son origine, tout en maintenant sur la terre un corps physique vivant, mais détaché, et ne se nourrissant que des Energies les plus hautes.
Alors l'homme devient le Maître ! L'Homme-Dieu, le Rédempteur.
Rien ne meurt que pour renaître et faire évoluer la matière, par l'action du Feu Créateur !
Sublime mission de l'homme que celle de déployer les Ailes de l'Esprit pour s'évader des contingences terrestres

vers ce qu'il y a de plus grand, de plus beau, de plus noble.

L'Ouverture du Cœur

Oui, le Nouvel Enseignement est donné par le cœur et pour le cœur.

A l'heure actuelle, il est indispensable d'épanouir le cœur et d'étudier ses énergies. N'ayez aucune crainte. Faites et répétez les expériences nécessaires à l'ouverture du cœur. Le cœur ne ment jamais ! Il ne trompe jamais ! Il ne déçoit jamais ! Mais ne fatiguez pas l'organe du cœur qui n'est qu'un instrument physique pour votre corps de chair, tandis que le centre de votre cœur, placé sur la colonne vertébrale entre les omoplates, est celui qui vous fait contacter les plus hautes énergies.

En vérité ! La Hiérarchie peut se révéler à vous par et dans votre cœur ! Et par Son intermédiaire, vous pouvez connaître le Feu et sa puissance créatrice !

Le Point Invisible dans le Cercle

Heureux celui qui connaît la Hiérarchie et s'appuie sur Elle pour faire l'ascension !

Bien sûr, un cerveau habile peut vous donner de grandes possibilités, il peut même vous donner toutes les possibilités ; comme construire une personnalité forte pouvant aller même jusquà manifester une puissance dictatoriale ! Mais où conduit la puissance dictatoriale losqu'elle atteint le paroxysme ?

En vérité, l'orgueil et la suffisance amènent la destruction et la décomposition.

Oui, le principe de la Hiérarchie est un guide et un soutien. C'est pourquoi Nous en indiquons la voie à toute l'humanité. Heureux soit celui qui, dès maintenant, peut jouer le rôle du point invisible dans le cercle !

Celui-là est certainement guidé par Nous ! Il est un des Nôtres !

Libération pour un Service Accru

Ainsi, vous voyez qu'il est indispensable de placer l'Instructeur dans votre cœur et dans votre esprit, et de sentir et reconnaître Sa Vibration, Sa Présence !

Vraiment, seul un cœur pur, détaché, peut comprendre et sentir cette Présence. Il peut vibrer au diapason de ce Cœur immensément plus grand qu'il a placé en lui.
Dois-Je répéter encore combien il est important d'étudier, de percevoir le centre de son propre cœur, le centre de l'ajna et de reconnaître les énergies qu'ils contiennent ?
Par ces centres, on peut entrer directement en rapport avec de nombreuses et très hautes vibrations.
C'est ainsi que l'on élève ses propres vibrations, par osmose, par fusion d'auras !
C'est ainsi que l'on délie les liens karmiques ; ils finissent par tomber d'eux-mêmes !
C'est ainsi que s'accomplit la libération indispensable pour un service accru.

Retrouver les Valeurs Réelles

L'homme confond généralement le permanent et l'impermanent, le réel et l'irréel !
Ses pensées fixées sur l'impermanent donnent à celui-ci une certaine consistance que les yeux peuvent percevoir ;
Lorsque l'esprit s'élève et atteint le réel, il crée un lien immortel, le AUM est atteint !
Mais l'homme est encore actuellement dominé par ses passions, il est encore dominé par son orgueil et sa puissance intellectuelle, il ne peut comprendre encore que sa substance créatrice peut s'élever et former les ailes de son esprit !
En vérité, l'étude des centres de l'homme et son union avec les puissances cosmiques peuvent aider tous les hommes à dominer leurs sens inférieurs, bien davantage que la répétition incessante des principes moraux qui, à l'heure présente, ont perdu leur valeur, leur puissance et leur sens profond.

L'Action Indispensable

On a toujours beaucoup discuté sur le principe de l'action, et on continue toujours à le faire !
Est-elle nécessaire, indispensable pour obtenir le « salut » ?
En vérité, Nous disons : « oui », l'action est indispensable !
Tout ce qui vit est actif, qu'il soit visible ou pas !
Même dans la raréfaction du point, se trouvent les impulsions propulsant les énergies !
Mais l'action elle-même doit se raréfier en tant qu'énergie.

Si vos centres n'étaient pas actifs, comment pourraient-ils capter la Joie Cosmique du Nirvana ?
Cela n'est-il pas aussi une action ?
Même, lorsqu'immobile vous méditez et cherchez quelque illumination, vos cellules cérébrales ne sont-elles pas en état d'éveil, ne sont-elles pas actives ?
Ne forment-elles pas la coupe qui reçoit les énergies cosmiques ?
Cela n'est-il pas aussi action ?
Combien il est difficile de s'entendre sur la signification des mots, lorsque ceux-ci se raréfient pour former seulement les énergies ?
Dans chaque mot se trouve un sens caché, profond, puissant, une synthèse qui contient une totalité.
Cette totalité se trouvant dans le sens profond, est la synthèse de l'énergie cosmique cachée dans le mot.
Cette synthèse, cette énergie est même voilée par la racine du mot. Très souvent, les mots action et sacrifice sont synonymes.
Par là il est possible de comprendre l'idée qui se trouve à l'arrière-plan du premier mouvement vibratoire du monde.
Cela aussi, n'est-ce pas une action ?

Synthèse — Raréfaction

Le Nouvel Enseignement est donné sous forme de synthèse afin que, partant de la source, chacun puisse y trouver sa vérité, et par elle remonter à sa propre synthèse qui est l'Unité.
C'est pourquoi Nous insistons tant sur la raréfaction !

Maîtrise des Energies

Lorsqu'un centre est saturé par le feu, il se produit une réaction dans le corps physique ; ou bien il se fait un transfert du feu à un centre supérieur ; ou encore, il se produit une « hémorragie » dans le centre même, et ceci est très grave.
Le centre peut être détruit partiellement ou totalement et agir d'une façon néfaste sur les autres. Cette hémorragie (d'énergie ou de force) brûle les centres enflammés.
Par la suggestion, il est possible d'arrêter les effets de ces hémorragies, en concentrant toutes les énergies sur un centre supérieur.
Ce processus est lent, mais très efficace.

Sensibilité du Cœur

La société actuelle est toute masculine, basée sur le mental et non sur le cœur.

Trop souvent les femmes et les « non intellectuels » sont mis de côté, mais vous devriez savoir que parmi les êtres même les plus simples, beaucoup sont souvent plus près de la Vérité que les « trop intellectuels ».

Leur sensibilité les ouvre davantage aux influences supérieures, leur sensibilité et leur dévotion pavent ou ont pavé la voie qui conduit à Nous.

Leur intuition peut être développée et leur connaissance directe bien marquée. Avant de juger, de critiquer et de condamner ces êtres, parce qu'ils sont trop simples, trop purs pour vous, il faudrait vous remémorer les paroles : « bienheureux les cœurs purs, car ils verront Dieu » !

L'Avenir de la Terre

Oui, la qualité de l'aura de la terre s'affine et passe insensiblement au bleu profond, couleur de la Mère !

Il faudrait hâter l'amélioration de l'aura de la terre, par le fluide émanant de vos pensées, de vos sentiments les plus purs et les plus élevés.

Lorsque l'aura de la terre manifestera ce bleu profond, alors commencera la préparation à l'avènement du Nouvel Age d'Or. Alors la planète elle-même se joindra à ses sœurs plus évoluées du système solaire, et de nouvelles énergies s'écouleront ; elles amélioreront le sort de l'humanité et des autres règnes.

L'Imagination Créatrice

Lorsque Nous parlons de l'imagination créatrice, Nous ne voulons pas dire cette imagination déréglée par une sentimentalité exagérée envers tel ou tel être, envers telle ou telle doctrine, ou pire, envers soi-même !

L'imagination doit se montrer d'abord par un trait de lumière pâle et froide qu'il faut animer par le souffle de sa propre vie, venant du cœur.

La science de l'imagination n'a pas encore été adoptée par le monde, cependant elle existe réellement, la biologie et la psychologie la découvriront !

Comprenez-vous pourquoi il faut pouvoir vous détacher des désirs et des émotions ordinaires, que vous confondez souvent avec la réalisation ou l'expérience intérieure ?

Oui, vous devez dépasser le stade de la sentimentalité qui n'a rien à voir avec la réelle dévotion !

La sentimentalité a son centre dans le plexus !

Il vous est répété encore qu'il faut vous centrer dans la tête pour pouvoir expérimenter la réelle grandeur !

Respect de la Volonté d'Autrui

Il est interdit d'imposer sa volonté aux autres.

En imposant sa volonté, on affaiblit celle des autres qui devient passive, ce qui conduit à la médiumnité, la médiumnité inférieure est un réel danger !

L'homme sans volonté est exposé à être le jouet des entités néfastes qui, sûrement, le conduisent à la déchéance et à la perte.

La volonté de l'enfant doit être toujours respectée, et il faut pouvoir l'aider dans sa croissance et dans son expression.

Mais celui dont la volonté est assez forte et qui peut dire en se donnant en sacrifice : « Père, que Ta Volonté se fasse, et non la mienne », exprime par là son désir d'unification avec la Volonté Suprême.

Il accomplit le grand sacrifice de Rédemption, atteint le plus grand achèvement réalisable sur la terre.

Etude du Feu

Il faut pouvoir distinguer entre le Feu supérieur et le feu inférieur. Le deuxième n'étant qu'une manifestation inférieure du premier, ses vibrations sont plus denses et son expression plus basse.

Le Feu intérieur est presque toujours invisible aux yeux humains, mais il est reconnu par la science et par la religion.

Il faudrait davantage étudier le Feu exprimé dans le Cosmos, de même que dans l'individu et dans la nature et tous ses règnes.

Le Feu devrait être la base de toute religion, de toute science, de toute éthique.

Sur cette base unique, appuyée par les révélations et les expériences il est possible d'élever l'édifice du Nouveau Monde jusqu'à la dimension de l'Infini.

Ne Jugez pas

Ces affirmations n'ont pas pour but de critiquer, de juger ou de condamner qui ou quoi que ce soit. Mais elles sont des indications pour tous, et offrent un moyen de purification, de redressement et d'élévation.

Ainsi, vous-même, ne jugez pas, ne condamnez pas, mais regardez en vous ce qui ne concorde pas avec la Vérité, et ayez le courage et la force de vous accuser vous-même, des faiblesses, des erreurs, des lacunes de votre propre vie.

Faites le, non pour vous abaisser, vous résigner, vous croire un pécheur, mais pour vous élever en partant de votre faiblesse même, et pour voir ce qu'il vous reste à accomplir pour atteindre une relative perfection.

Travail de Groupe

Lorsque les auras et leur puissance unificatrice ou séparatrice sont vues et connues, elles peuvent être une indication et un moyen d'unification dans un groupe.

Lorsque les vibrations sont accordées, le groupe est plus harmonieux, et plus apte à recevoir les énergies d'amour et de cognition.

Pensez à ceci lorsque vous fondez un groupe !

Un seul élément perturbateur empêche la réception des énergies, il peut même attirer par sa seule présence, des entités et des vibrations néfastes qui entravent l'élévation spirituelle de tous les membres du groupe.

Un groupe sérieux doit être constitué de membres choisis, qui travaillent harmonieusement, comme une unité.

Trois membres suffisent pour faire ce travail, mais sept est le nombre idéal.

Il vaut mieux éliminer toute personne qui ne coopère pas efficacement !

L'amour est la base la plus sûre pour la continuité du groupe et de son travail !

L'Age de la Connaissance du Feu

Le Cosmos est Cela.

Le Cosmos est Père-Mère-Fils lorsqu'il se manifeste.

Il est temps-espace-durée, il est illusion.

Il est immanence-transcendance et réalisation.

Mais le Tout qui est Cela est perméé par le Feu. Le Feu qui crée, qui détruit, qui soutien, Shiva.

Oui, l'homme est un créateur, à l'image de Dieu, lorsque lui aussi est perméé par les Trois Feux.
L'Age de la Révélation des Mystères est l'Age de la Connaissance du Feu.
Volonté-Esprit-Matière, unis pour la Création.

La Synthèse

Comment l'Avatar de Synthèse pourrait-il se manifester, sinon dans une synthèse des Trois en Un, circonscrite dans un Cercle de Création !
Quelle synthèse pourrait-il apporter, sinon celle des Trois en Un !
L'Esprit seul ne peut rien sans la Matière ; la Matière seule ne peut rien sans l'énergisation de l'Esprit !
Mais les Trois sont Un en leur essence, en leur source.
Le « Amen », le triangle et sa puissance, constituent la synthèse : Esprit-Matière-Activité.

Ouvrir le Sceau de la Pensée

Il est inutile de discuter aussi bien du sexe de l'âme que celui des anges. Chacun, par sa pensée, peut créer des vibrations angéliques, et chacun peut réveiller en soi l'âme endormie.
En vérité, lorsque le sceau encore cacheté de la pensée s'ouvrira pour l'humanité, il révèlera des forces et des énergies bien supérieures et plus subtiles qui révolutionneront le matérialisme commercial actuel.
Que votre pensée se synthétise et s'affirme ! Que sa force et sa puissance grandissent en vous ! Qu'elle se soumette à la Volonté Suprême pour collaborer au Grand Œuvre !
Alors, bien des secrets vous seront révélés !

Domptez vos Pensées

A quoi vous sert-il de laisser errer vos pensées dans des domaines mesquins, trivials ou vulgaires ?
A quoi vous sert-il de les laisser vagabonder comme des chevaux sauvages ?
Pourquoi vos pensées sont-elles pour vous des passe-temps, des tue-temps ?
Pourquoi laissez-vous dominer vos émotions, vos paroles et vos actes par elles, alors que, domptées, elles peuvent vous apporter des révélations, des intuitions, des possibilités et des pouvoirs ?

Il est grand temps que l'humanité comprenne son rôle de créateur à l'image du Dieu Créateur qui est en elle.

Age du Feu Cosmique

Nous proclamons que l'Age des mystères a été et sera encore l'Age du Feu !

L'Age du Feu Cosmique qui perméé l'homme, la nature et toute chose.

En vérité, l'histoire du Christ Cosmique, la Passion est écrite aussi bien dans le firmament que dans l'évolution de l'homme, par le Feu et grâce au Feu.

Macrocosme et Microcosme sont Un, dans le ciel comme sur la terre.

Etude et Expérience des Energies

Lorsque vous connaîtrez la puissance des énergies, vous saurez que le hasard n'existe pas.

Vous saurez que chaque mot, chaque action, chaque circonstance n'est qu'une énergie répondant à une autre énergie, vous saurez que l'énergie est un contenu répondant à un contenant, qu'elle est un complément à un autre complément.

Lorsque vous verrez la Vie de cette façon, vous comprendrez et vous réaliserez ce qu'est la Vérité.

Lorsque vous ferez attention aux signes, en vous et autour de vous, vous percevrez les énergies que vous possédez et qui vous aideront à réaliser votre travail.

Etudiez vos énergies, étudiez les énergies cosmiques, voyez leurs correspondances et expérimentez les en vous et dans votre travail.

Osez, mais toujours, restez humbles !

Le Nom qui Résume les Autres

Rentrer dans la « durée », c'est prendre possession du pouvoir de créer à l'échelle cosmique, c'est aussi prendre possession de la création tout entière.

La « durée » est le Père-Mère éternel, immuable, qui se manifeste dans les deux mouvements temps et espace qui les conditionne.

La « durée » est un concept au-delà de l'illusion, au-delà du temps et de l'espace. La « durée » est synonyme d'éternité.

Au siècle dernier tout ceci vous a été révélé dans la Doctrine Secrète d'H.P.B., l'avez-vous lue, l'avez-vous comprise ?
Il est temps que les hommes ne soient plus des adorateurs d'images ni des matérialistes enfoncés dans l'orgueil, l'égoïsme et la jouissance ; ni des ignorants qui s'ignorent, et rejettent les choses sacrées ; ni des indifférents devant les souffrances humaines, planétaires et cosmiques ; ni des inconstants qui cherchent toujours de nouvelles sources, même parmi les douteuses ; ni des adeptes de la personnalité séparée du tout humain, planétaire et cosmique.
C'est pourquoi Nous révérons ceux qui divulguent et répandent l'Enseignement parmi les masses, sachant bien qu'ils seront critiqués, suspectés, rejetés !
Le plagiat n'existe pas, et cependant tout est plagiat puisque tous les mots se résument en Un seul ; ce Mot est encore inconnu et le sera à jamais des hommes, mais que vous pouvez traduire par Cela, par Cosmos, par Dieu, par le Tout.
Qu'importe le nom que vous lui donnez, Il est !
Il est et reste le même, éternellement, et il est la Source de toute manifestation !

De l'Homme-Homme, à l'Homme-Dieu

Tout reste encore à apprendre, à réaliser et à expérimenter par l'homme-homme.
Ici, Nous ne parlons pas de l'homme-animal, l'espèce la plus répandue actuellement sur la terre, et qui la pollue par ses émanations néfastes !
Lorsqu'il porte en lui la conscience du Tout et que par son cœur, synthèse universelle, il a appréhendé le Mystère de la Vie, l'homme-homme est près du but.
Faut-il répéter une fois encore que l'homme doit développer son cœur et l'unir par la pensée concentrée et par l'imagination, au Cosmos qui est Cela, afin de pouvoir capter l'Enseignement et la Révélation.

Riches ! Vous ne le Savez pas...

Oui, beaucoup se disent prêts à faire tous les sacrifices pour accéder à la synthèse et y puiser comme à une source infaillible et intarissable.
Mais qui voudrait accepter de longues périodes de solitude, de méditation, de recueillement ?

Tant d'humains se croient détachés de tout, et sont plus que d'autres encore attachés par des liens invisibles d'amitié, de parenté, de nationalité, de religion ; attachés aussi par le confort, le matérialisme, le qu'en dira-t-on; attachés aussi par le karma et ses liens qu'il est presque impossible de rompre.

Et cependant il est dit : « que celui qui est prêt, accepte La croix et qu'il Me suive ».

Pouvez-vous porter la croix de la spiritualité sur de simples épaules humaines ?

Pouvez-vous suivre la voie douloureuse de la Joie, parmi ceux qui vous lient ?

Mais tant d'humains sont des riches, et ne le savent pas !

L'Ere de l'Espace et la Race Bleue

L'Ere de l'Espace est aussi l'Ere du Subterrestre : « en haut comme en bas » !

La fission de l'atome, l'exploration des mers et des déserts, les missions géologiques, les excavations, les recherches scientifiques, libèrent une partie des cinq énergies concrétisées dans l'élémentaire qui, hier encore, étaient inconnues des hommes.

Ces énergies nouvelles révèleront d'autres vibrations, d'autres ondes, d'autres couleurs, d'autres sons, qui donneront de nombreuses et nouvelles possibilités, aussi bien à la planète, qu'à l'homme et à la nature.

Ces énergies contribueront dans le règne humain à former la Race Bleue. Elle pointe déjà dans quelques parties du monde.

A chaque race ses possibilités, ses responsabilités.

La race aryenne actuelle s'élève vers le Bleu. Le Bleu du Mental créateur et régénérateur, le Bleu de la Mère, le Bleu de Vénus, l'âme de la terre.

Eveil de l'Ame, Eveil de l'Esprit

En éveillant son âme, l'homme éveille l'âme de la terre et prend conscience de sa puissance Christique.

Avant tout, éveillez votre cœur !

La tension du cœur éveille l'esprit, affermit la volonté !

Lorsque le cœur est saturé d'énergie, il est tout puissant !

La Beauté s'affirme pour l'homme dont le cœur est saturé, et elle se traduit par des manifestations, des réalisations nouvelles.

Les éclairs de l'Esprit qui fusent dans le Cosmos et que vous pouvez capter, sont des manifestations de la Divinité omniprésente, omnisciente, toute puissante et éternelle ! Cherchez en vous le germe de l'Esprit, la Divine Monade... Alors l'illumination inondera tout votre être.

Pouvoir du Son

Le son ouvre à la lumière, le son ouvre toutes les portes. Quel est le mot perdu qui ouvre la caverne aux trésors ? Il faut plus que des pensées, il faut plus que des mots ! Il faut expérimenter ! Il faut oser expérimenter ! Il faut ouvrir soi-même le portail !
Le son ouvre toutes les portes !

Dieu fait Chair

A partir du point se crée le cercle.
Du son partent les vibrations formant un cercle, vers le bas, vers le haut et tout autour...
Atteignant l'Esprit du Cosmos par l'étincelle monadique.
Atteignant l'Ame Universelle dans le cœur humain, et du cœur humain au Cœur Cosmique.
La Transcendance et l'Immanence sont à la hauteur de la Monade et de l'Ego humain.
Dieu se fait homme !

Tension vers le But

Il est essentiel d'affermir sa volonté et marcher sur la corde fermement tendue, vers le but à atteindre.
L'hésitation, l'incertitude, le doute, sont autant d'obstacles qui distendent la corde ; sont autant de laisser aller qui favorisent l'action des frères de l'ombre.
Les forces ténébreuses peuvent surgir à l'improviste, vous suivre un moment sur votre chemin, et se proclamer, elles aussi, du côté du Bien, puis vous prendre dans leurs filets et vous faire rebrousser chemin.
La fermeté de volonté, la vision du but et l'image du Seigneur, fermement implantées dans votre cœur, vous préserveront des dangers et des chutes.

La Conscience Cosmique et le Feu

Le Cosmos, tout comme l'être humain, respire et expire. C'est ainsi que le Feu de la Vie est absorbé et rejeté !

C'est ainsi que se sont créés les diverses couches partant du chaos jusqu'aux Mondes Supérieurs !
C'est par cela que s'imprime le karma individuel, planétaire et cosmique.
Le Feu est aussi l'élément liant, perméant, omniprésent de la structure cosmique.
Encore une fois, méditez sur le Feu, sur les Feux !
Allumez le Feu en vous, et par lui, dirigez-vous vers la Conscience Cosmique.

Elévation de l'Esprit

L'élévation de l'esprit, amenée par une tension de plus en plus forte, confère la frénésie capable de jeter les semences dans le terrain de la Beauté.
Combien il est triste de voir le nombre d'hommes adorant fanatiquement une divinité créée à leur image chaotique et imparfaite, et ne comprenant ni le but de la vie, ni l'élévation de l'esprit !
L'élévation de l'esprit intervient par la communion avec le Feu Cosmique omniprésent, en montant jusqu'à l'essence même du Feu.
Comment faire sortir les dévôts, fanatiques et bigots de leur étroitesse d'esprit ?
Nous attendons de Nos disciples qu'ils s'élèvent eux-mêmes, grâce à Cela — le Divin potentiel en eux, et qu'ils amènent leurs frères à une compréhension plus grande.
Nous attendons qu'ils les dirigent vers une conscience plus adéquate, plus élargie, pour pouvoir se diriger dans et à travers la conscience planétaire, et de là, vers la conscience cosmique.

Réalisation et Apprentis Rédempteurs

L'aura des hommes, comme l'aura des planètes, montre l'ampleur de la conscience des apprentis rédempteurs ; elle montre leur capacité d'union et de communion avec les énergies supérieures.
Tandis que l'homme-animal montre une aura chaotique, disharmonieuse, qui sème et nourrit des énergies malsaines, l'aura de l'homme-homme est harmonieuse et bénéfique.
Cependant, que de progrès à faire encore avant de pouvoir montrer une aura perméée par les Energies Cosmiques ?
L'homme doit apprendre d'abord à réaliser la paix en lui, dans ses actes, dans ses émotions, dans ses pensées. Alors

seulement, il peut recevoir le Feu Créateur qui répond par ses vibrations, aux vibrations plus rapides et plus affinées de l'homme pacifié.

L'aura de l'homme évolué — l'Homme Dieu — est permée par les hautes énergies cosmiques.

Cet homme, seul, peut puiser dans des réservoirs de Force Divine, inconnus des autres hommes.

La toute puissance du Cosmos lui est révélée et donnée !

L'image est aide précieuse pour trouver la direction et la communion.

Mais ne confondez pas l'image avec Cela, bien que l'image puisse être Cela !

Au-delà de l'image, se trouve la réalisation, la prise de conscience et le vêtement de gloire !

Ensuite... il y a la terre avec son ignorance, ses souffrances, son mal !

C'est pourquoi il vous est demandé d'être, vous aussi, des apprentis rédempteurs.

La Communion avec le Feu

Ne confondez pas le magnétisme humain et le magnétisme spirituel !

Le premier est une imposition de la volonté ou d'un psychisme sur autrui, le deuxième est une communion avec le Feu !

Le vrai yogi dont les centres sont allumés, communie avec le Feu animant chaque chose, le Feu — énergie condensée dans tous les règnes : minéral, végétal, animal et humain, et même, il communie avec les Hautes Energies Cosmiques dont l'essence est également le Feu !

La volonté du yogi est cette essence même du Feu, rassemblée et condensée en lui, par les énergies de l'imagination et de la pensée.

Par sa volonté, le yogi peut créer, animer, régénérer, guérir, à l'image de Dieu.

Il n'est bien sûr, pas question de destruction !

En vérité, l'omniprésence du Feu créateur s'accumule au sommet des plus hautes pensées, elle jette sur la terre les semences de la créativité et de la beauté.

Feu et Karma

Karma est action, mais il s'inscrit dans et par le Feu !
La réponse du Feu de la Vie, montre l'intensité de la conscience !
La réponse du Feu de la Vie, montre la connaissance ou l'ignorance !
La réponse du Feu de la Vie, montre le degré d'élévation de l'âme et de l'esprit !
En vérité, dans le Cosmos, tout est Karma !
Ainsi, le karma peut se connaître et se liquider par la compréhension du Feu !

Vampirisme Inconscient

Nous avons parlé de frénésie dans l'acte de création, mais la même frénésie existe dans l'acte de destruction où l'on trouve le vampirisme.
Ne vous récriez pas !
Si le cannibalisme et le vampirisme sont rares de nos jours, le vampirisme psychique règne intensément, dans les railleries, les moqueries, les plaisanteries, les critiques dirigées contre les personnes sensibles et sensitives.
Par la colère, l'irritation et tout psychisme inférieur, vous faites du vampirisme inconscient. Le réalisez-vous ?
Une plaie physique ouverte répand le sang, une plaie psychique répand l'énergie psychique qui est celle de la Vie.
Oui, la destruction règne aussi bien par vos pensées que par vos émotions, que par vos actes.
Mais toute énergie est à double courant !
Une flèche envoyée dans le but de détruire, consciemment ou inconsciemment et qui devrait toucher une personne sensible ou qui se trouve dans l'aura d'un Maître, retourne directement vers celui qui l'a lancée, et le poison destiné est rendu à l'auteur du mal.
Le cœur doit connaître les limites de la destruction dans les paroles, c'est pourquoi le cœur du disciple ne doit répandre que des énergies d'amour.

L'Ere du Verseau, l'Ere de la Femme

L'ère des poissons qui s'éteint, était celle de l'énergie dispersée, diluée, non contrôlée, trouble, et cependant très forte dans les sensations et les émotions.

Elle a donné à l'humanité les Saints, les Sages, les Héros, les Artistes qui s'élevèrent par la Dévotion.
Mais l'ère du Verseau rassemble les meilleures énergies dans la coupe de l'âme, pour les déverser progressivement sur la terre afin de faire germer et croître les germes de l'Esprit.
Le pôle féminin négatif doit être élevé au même niveau que le pôle positif.
J'ai déjà parlé de l'Ere de la Femme !

Ame et Esprit, le Deux-en-Un

L'Esprit est l'essence même du Feu de l'âme. Ne le confondez pas avec l'intellectualisme.
L'esprit est libéré lorsque l'âme se fond en lui, et rentre en tant que potentiel dans l'Etincelle Eternelle.
L'Esprit est immatériel et il dématérialise la matière en l'unissant à Lui.
Mystère immense du Deux-en-Un qui se manifeste dans chaque commencement, et qui se retrouve Deux-en-Un à la fin de chaque manifestation.

Essence de la Beauté

Peut-on donner le nom de beauté à l'Immanence Cosmique où l'Esprit, éveillé par la flamme de l'âme, capte dans l'Immanence une étincelle de Cela — Sphère du Feu — pour la ramener en un seul Rayon sur la terre, et pour Sa Joie, pour Sa Puissance, pour Son Elévation et Sa Conscience !

Signification Profonde des Conjonctions Planétaires

Les conjonctions planétaires, comme tout ce qui constitue une jonction avec quoi que ce soit, rassemblant des énergies correspondantes en un foyer, pour une nouvelle distribution de force et d'énergie.
Ce foyer est cependant limité à l'ouverture de la conscience de ceux qui peuvent les recevoir.
Vous avez craint lors des conjonctions planétaires de 1962 !
Vous aviez certainement raison ! Le péril serait arrivé, si de nombreuses consciences n'avaient été ouvertes pour recevoir la nouvelle impulsion du Verseau.
Actuellement un grand nombre d'âmes individuelles ont accès à l'Ame Universelle, et cette communion d'âme à âme a permis l'épanchement et la réception des Forces.

Ainsi, il y eut non seulement jonction avec de nombreuses énergies planétaires, mais aussi communion avec ces mêmes énergies.
Cette communion doit grandir et s'affirmer pendant les siècles à venir, elle doit grandir par une plus grande réceptivité des Energies Cosmiques, par les hommes aussi bien que par la planète elle-même.
Mais l'homme est libre de créer ou de détruire !

Soyez prêts, Soyez Vigilants

L'Instructeur du Monde a besoin de disciples pour préparer l'humanité à recevoir dignement Son Message.
Mais en aucun cas, personne n'a le droit de conditionner le champ d'expression ou d'activité de l'Instructeur, personne n'a le droit de conditionner ou de limiter Son mode d'expression.
Les disciples doivent répandre l'Amour et l'Unité entre les peuples.
Mais lui seul, connaît le lieu, la date, le jour et l'heure !
Tout est inscrit dans le Cosmos !
Soyez prêts, soyez vigilants !

L'Astrologie

Il a été demandé à Nos disciples d'étudier la véritable astrologie, non pas l'astrologie des foires ou celle des livres de vulgarisation.
L'astrologie est la science des sciences !
Oui, il faut faire attention aux dates et aux signes ! Tout est inscrit dans le Cosmos !
Rien n'arrive sans avertissement, pressentiment ou signe !
Tout concorde et tout converge vers ce qui doit être !
C'est pourquoi vous dites qu'un bonheur ou un malheur n'arrive jamais seul !
Mais souvent, si au premier avertissement vous révisiez votre conduite, si vous vous ajustiez à ce qui doit venir, beaucoup de malheurs vous seraient épargnés.
Ainsi, soyez prévoyants tout en rejetant la superstition, éveillez en vous la claire lumière froide qui éclaire votre cerveau, et dirigez votre vie en accord avec le Plan.

Les Yeux Fenêtre de l'Ame

Les yeux sont également récepteurs et transmetteurs. Par leur composition physiologique, par le mouvement de leurs

cellules dirigé vers l'intérieur ou l'extérieur, ils peuvent capter les influx, les couleurs, les images et les formes provenant du « monde invisible », et à leur tour, ces mêmes fluides et rayons peuvent exercer leur influence sur vous-même et sur les autres, consciemment ou non.
Lorsque vos centres sont développés, reliés entre eux et unis à la conscience, l'énergie condensée de vos yeux peut vous donner une vision infinie, en faisant de vous des réels voyants de la Beauté Divine.
Les yeux sont les fenêtres de l'âme...

L'Instrument du Yogi

Chaque jour, la science découvre de nouvelles expressions et de nouvelles dimensions de la Vie, à travers l'étude des formes et des éléments qui les composent.
Chaque jour, de nouveaux instruments de plus en plus perfectionnés, viennent s'ajouter pour les investigations plus profondes et plus subtiles. Chaque jour, des esprits géniaux cherchent et trouvent de nouvelles combinaisons et adaptations pour l'emploi des énergies puissantes récemment découvertes.
Mais l'instrument le plus merveilleux, le plus perfectionné reste encore le corps humain !
Mais que dire des corps humains dont les centres sont éveillés ?
Que dire de la responsivité de ces corps à la pression des Energies Cosmiques grâce à une connaissance directe et une volonté de fer ?
Le corps du yogi est l'instrument le plus délicat qui soit. Il reçoit et transmue toutes les Energies Cosmiques pour le plus grand bien de l'humanité.
La Hiérarchie œuvre dans le monde des causes !
Heureux ceux qui comprennent et qui œuvrent à la régénération de l'humanité !

Mystère des Pyramides

Il est difficile aux hommes de reconnaître en eux l'identité de leur être avec la pensée des constructeurs des grandes pyramides d'Egypte qui nous parlent d'élévation et d'immortalité !
On peut étudier et connaître la construction de ces pyramides matérielles, mais sait-on comment les réaliser en soi ?

Le corps humain est une merveilleuse pyramide se jouant sur le sable toujours mouvant de l'illusion !

Son sommet — point unique — a été étudié en partant d'une base quadrangulaire, chaque pierre a contribué à la raréfaction dans le point du sommet !

Mais, entre la base et le sommet, vous pouvez lire l'œuvre du point central du cœur, cette chambre secrète de l'initiation.

Il est bon de faire des comparaisons et de chercher les mystères en soi, grâce aux réalisations terrestres et immortelles de ceux qui savaient, et dont le témoignage reste vivant et intact à travers les âges.

Ternaire et Septénaire

Il n'existe qu'une Energie Unique qui se différencie en entrant en contact avec Sa propre création.

Dans la Sainte Matière — dualité fécondée — jaillit la Trinité, le Septénaire, les Trinités et les Septénaires !

Chaque Trinité, chaque Triangle est un Centre de Force !

Chaque Septénaire est une distribution de Force différenciée selon son taux vibratoire !

Dans le monde actuel tout est régi par le Ternaire et le Septénaire !

Le Pentagone, Structure du Règne du Verseau

Actuellement sur la planète, le ternaire et le septénaire règnent en maîtres. Mais la réalisation humaine amenée à la conscience initiatique, est à même de comprendre, de diriger et de se diriger vers le Pentagone.

Ainsi, le Pentagone sera davantage dans la structure du règne du Verseau.

Le Pentagone est le deux plus deux, plus l'union ou l'arbitre.

Le Pentagone est le point médian entre la Trinité et le Septénaire !

Il est une réalisation de groupe, la première tentative et réalisation du Cercle, oui, du Cercle, dans lequel le Point règne à jamais, à partir de la manifestation.

Esprit et Matière sont Un !

Transmutation du Mal par le Cœur

Il est bien plus simple de donner le nom de fanatique au voisin plutôt que de voir si ce terme n'est pas mieux adapté à vous-même.
Si l'on vous demandait de faire votre examen de conscience, non pas seulement pour voir si vous n'êtes ni étroit ni fanatique...
Si Je vous demandais si vous êtes ouvert à toutes les directions et si votre conscience est ouverte à tout et à tous, et qu'en votre cœur vous répondiez : « je ne suis ouvert qu'à ce que je crois être bien », alors où se trouve votre possibilité et votre capacité de réfuter le mal ?
Bien sûr, il ne faut pas s'identifier au mal, mais il faut transmuer le mal par le cœur.
Tout mal peut être détruit par l'Amour !
Ainsi, l'amour lui-même exige l'ouverture de la conscience dans la tolérance, la compassion, la charité.
Mais l'amour exige surtout la fraternité et la coopération !
Voyez ! le disciple ne peut être un fanatique s'il veut pouvoir s'ouvrir à la vision cosmique.

Karma et Volonté

Karma est volonté, karma est conscience, karma est un point d'équilibre actif entre deux opposés.
Karma détruit et construit ! Il détruit pour reconstruire !
Par la volonté et la conscience, l'homme se libère du manteau karmique qui est taillé à la mesure de sa volonté !
Volonté faible, vacillante... karma fort et envahissant...
Volonté forte... karma rétrogradant et disparaissant !
L'action consciente porte la marque de la volonté consciente !
L'action consciente est réceptrice et créatrice d'énergie, aussi bien à l'échelle humaine qu'à l'échelle cosmique !
Voyez-vous, il est indispensable d'affirmer ses pensées et ses désirs, et il est indispensable d'aiguiser sa conscience et de la diriger vers le Bien Général !

Présent et Futur

Dans l'Enseignement, le mot purification est employé dans le sens de centralisation vers la raréfaction, vers le point.
Lorsqu'il vous est demandé de purifier et de libérer votre volonté, c'est pour en faire un aimant qui attire !

Voilà pourquoi il vous est dit de créer le futur ; aussi bien le futur de la planète, le futur de l'humanité et le vôtre. En détachant votre pensée de votre personne, de vos possessions, vous libérez et aiguisez la volonté qui s'affermit et se précise, c'est pourquoi il vous est dit : « créez votre futur et agissez dans la conscience du présent » !

Primauté du Cœur sur le Mental

Peut-être feriez-vous bien de méditer davantage sur le cœur — point central qui existe en chaque chose, sur le cœur qui reçoit et émet tant d'énergies subtiles, sur le cœur qui est uni au Cœur plus vaste !

Peut-être feriez-vous bien de chercher quel est le cœur de votre nation et de travailler en accord avec lui.

La créativité par le cœur est bien supérieure à la créativité mentale !

La créativité par le cœur porte le germe de l'Unité par la Fraternité !

La créativité par le mental porte le germe de l'individualisme séparateur !

La capitale d'un pays devrait s'instaurer là où le cœur est en communion avec les plus Hautes Energies, et les plus hautes énergies humaines devraient l'alimenter !

L'Equilibre, Source de Jouvence

Vous savez que le corps physique réagit aux influences atmosphériques lui procurant santé, maladie ou dépression.

Le microbe de la dissolution du corps (vieillesse) se trouve dans l'ossification des cellules.

Le corps peut être régénéré par le rajeunissement des cellules, par la source de jouvence qui se trouve dans l'équilibre entre les plans spirituels et physiques, exprimé dans l'ouverture et le développement des centres.

Le Yoga du Feu

Le Yoga du Feu — Agni Yoga — connaît la beauté et le rayonnement de l'immanence du Feu !

Il connaît la communion avec l'étincelle du cœur, avec l'étincelle de l'Esprit !

Il communie avec l'Immanence, il donne la Transcendance ; il unit les Deux !

Il prend dans le microcosme, le Rayon du Feu macrocosmique et les deux vibrent à l'unisson !

L'Agni Yoga connaît le Feu et son pouvoir, et dans le silence, le pouvoir devient toute puissance !

La Perfection qui est Beauté

Le monde souffre énormément du manque de perfection.
Chacun, direz-vous, fait ce qu'il peut selon ses propres moyens ! Mais lorsqu'il accomplit l'action, tend-il son esprit vers la perfection ?
Non ! Les choses terrestres sont accomplies selon les mesures terrestres, et aussi, selon le degré d'épanouissement des consciences.
Dans la valeur des demi-mesures, les choses n'élèvent pas l'esprit vers la perfection qui est beauté.
Sortez donc des sentiers battus !
Perdez la notion des demi-mesures !
Luttez avec vous-même pour accomplir chaque chose dans la perfection !

L'Archétype — Source d'Energie

Pourquoi vouloir vous détacher du symbolisme ?
Il est vrai que si vous y restiez attachés mentalement, aucune réalisation du symbole ne serait possible sur le plan physique.
Le devoir des hommes, n'est-il pas de réaliser Dieu sur le plan physique ?
N'est-il pas de faire descendre Sa Force, Son Energie jusque dans Sa Sainte Matière ?
Mais comment amener l'énergie positive dans la matière, sans faire monter celle-ci jusque dans la Source même ?
Dans la Source qui est Symbolisme, Archétype, et sans capter Sa Puissance ?
Toute énergie part du Cosmos et est transmuée à l'échelle adéquate, par l'homme lui-même, par l'homme, pour les règnes « dits » inférieurs, par l'homme pour le Cosmos tout entier.
La transmutation des Energies Cosmiques se fait par les centres, lorsque ceux-ci, peuvent répondre à Ces Energies.
L'homme possède sept centres supérieurs en lui, le mettant en rapport direct avec les sept Planètes.
Encore faut-il que l'homme cherche à développer ces centres et leur donner un taux vibratoire répondant aux influences cosmiques.

Et encore faut-il que, consciemment, il agisse en tant que transmutateur.
Mais ce stade est encore bien éloigné de l'homme qui n'est pas libéré de la peur, de la superstition et du matérialisme.

Sublimation de la Matière

A quel moment l'homme de science, l'artiste, le poète, le génie, peuvent-ils atteindre le germe de la créativité; peuvent-ils atteindre l'étincelle créatrice, l'inspiration, l'intuition ?
Précisément, lorsque, par la tension suprême, ils ouvrent leur coupe pour la réception de l'Etincelle.
Précisément lorsque la frénésie de la création est réalisée par l'union des énergies du Cosmos et de la plus haute conscience de l'homme.
En vérité, tout parle de la dualité, de la sublimation de la matière qui est pour elle, la prise de conscience de sa propre valeur.

Le Pouvoir du Feu

Vous ne connaissez pas le Yoga du Feu, dites-vous !
Ne savez-vous pas que le Feu est à la base de tous les Yogas ?
C'est le Feu qui augmente le mental dans le Raja Yoga, et le fait toucher à l'intuition.
C'est le Feu qui augmente la dévotion dans le Bakti Yoga, et qui donne sa sagesse et sa sainteté.
C'est le Feu qui développe la vitalité pour le service dans le Karma Yoga.
C'est le Feu qui développe le corps physique dans la Hatha Yoga.
Mais dans l'Agni Yoga, il y a communion directe avec le Feu par le Feu ! Il y a communion directe avec le Feu et son pouvoir caché dans chaque centre ! Il y a communion directe avec la Triple Puissance, avec le Triple Feu, qui est Père, Mère et Fils — la puissance d'achèvement et de réalisation.

But de la Méditation

Précisément, c'est le point, ce point sans cesse mouvant de la créativité, cette étincelle se jouant de la grande illusion, qu'il faut pouvoir saisir dans la méditation.

La méditation n'est pas une action passive ou inconsciente. Elle n'est pas une promenade mentale à travers les choses et les événements, elle n'est pas une récapitulation des choses matérielles passées ou à venir.
Mais, intérieurement, elle doit être une force de tension qui doit atteindre le point de l'esprit, du divin en nous.
Vous avez raison de mentionner la concentration, prélude à la méditation, comme étant une lentille qui recueille tous les rayons solaires en un seul, en une énergie puissante capable d'enflammer tout objet.
Le but de la méditation est de capter le Feu dans le Feu et par le Feu et de communier avec lui.
Ainsi se fait le couronnement de l'acte de la méditation, qui est la communion même, la prise de conscience et la réalisation en soi-même du Feu Cosmique Créateur, du Feu Tout-Puissant, du Feu Divin.

Psychisme Supérieur et Service du Monde

Il faut aussi avoir cette tension vers le point, vers l'étincelle mouvante de l'esprit, pour pouvoir capter les messages du monde supérieur, pour pouvoir les transcrire correctement et en apporter tout le magnétisme.
Il n'est pas difficile d'atteindre les basses couches de l'astral et de contacter les entités d'outre-tombe. Il n'est pas difficile d'atteindre la clairvoyance des foires ni ces pouvoirs inférieurs que vous y voyez manifestés. Beaucoup de défunts n'attendent que la passivité des hommes pour se manifester en eux et par eux.
Mais beaucoup plus difficile à capter et à réaliser est le psychisme supérieur, qui met l'âme en contact avec une Ame plus élevée, avec l'Instructeur, avec un Esprit Supérieur.
Vous avez raison de dire que cela est une fatigue pour le corps physique, car celui-ci doit vibrer à un taux d'énergie auquel il n'est pas habitué. Une énergie plus subtile, plus puissante, plus forte !
Mais lorsque vous pensez au monde, à ses besoins, à ses souffrances, votre créativité se décuple et vous donne les plus hautes possibilités. C'est pourquoi Nous révérons les serviteurs du monde, et c'est pourquoi Nous leur confions une partie de Notre tâche.
Ayez foi, ayez confiance, et ne vous attardez pas face aux réactions négatives qui sont déjà lancées contre vous.

Responsabilité du Service

Le scepticisme et le doute sont les apanages d'un mental destructeur.

Quelle créativité peut se manifester lorsque le Feu est étouffé en son germe ?

En vérité, la phrase « rendez à César ce qui appartient à César » est plus lourde de signification que vous ne pouvez le supposer.

Quelle lourde responsabilité pèse sur les épaules de ceux qui acceptent une mission donnée par les Frères Aînés de la Race !

Quelle humilité, quelle grandeur doit jaillir de leur être !

Quelles énergies doivent-ils eux-mêmes puiser afin d'être ce point, ce rayon lumineux qui éclaire, guide, soutient et augmente la capacité du service !

C'est pourquoi avant d'accepter des responsabilités, il faut être fort et pouvoir puiser dans les Trésors de la Hiérarchie la semence à germer dans l'humanité !

Le psychisme et l'occultisme ne se rencontrent harmonieusement que lorsqu'ils sont dirigés vers ce qu'il y a de plus élevé, et lorsque leur recherche est faite par-delà tout égoïsme matériel et spirituel, pour le bénéfice de l'humanité.

L'occultisme lui-même conduit au psychisme supérieur par l'expérimentation dans des mondes invisibles et inconnus.

Mais n'oubliez jamais que le psychisme inférieur détruit toute possibilité d'élévation, et qu'il tue l'esprit et le cœur dans leur germe, tout en faisant croître les germes de la cupidité, de l'orgueil et de la sorcellerie.

Imagination Créatrice et Eveil du Cœur

La pensée de l'homme est influencée par les énergies libérées des centres qui sont ouverts en lui.

La pensée peut être positive ou négative. La pensée peut être négative et se manifester positivement dans l'action. Elle peut être positive et négative dans le cœur, se manifestant dans les sentiments conscients ou non, dans une synthèse. Elle peut être positive et négative dans l'esprit, se manifestant en tant que pouvoir créateur, conscient ou non. Elle peut être totalement négative, et se manifester par les œuvres du mal.

En méditant, il faudrait pouvoir discerner la qualité de ses pensées et leur degré d'élévation.

De cette manière, on se connaît davantage et mieux.

L'imagination créatrice peut relier un centre ouvert au cœur ou au triangle de la tête.
L'imagination créatrice tisse sur le plan éthérique un lien capable d'élever les êtres.
L'imagination créatrice donne un rayonnement bénéfique et une élévation spirituelle.
Mais sans l'éveil du cœur, il est dangereux de vouloir créer, car l'orgueil est aveugle et ne peut discerner entre le bien et le mal !
L'orgueil est le dernier ennemi à vaincre, et celui qui malheureusement gagne maintes fois la dernière partie.

L'Aura de l'Instructeur — Demeure du Disciple

Ils vous railleront, ils vous critiqueront... vous le savez déjà !
Ils savent cependant et ils enseignent que l'aura de l'Instructeur est la demeure du disciple, et que celui-ci, y étant admis, peut y puiser force, sagesse et enseignements.
Laissez railler ! Laissez critiquer ! Ils n'ont pas encore compris que le vent souffle là où il veut...

Consécration de l'Elève

Il faut s'habituer à la gymnastique spirituelle qui consiste à élever son esprit et son cœur dans les régions les plus élevées de son être, à n'importe quel moment de la journée, à n'importe quelle période de la vie et dans toutes les circonstances.
Il est erroné de croire que cette élévation peut seulement se réaliser dans les temples et les églises.
Lorsque l'élève est assez exercé, son esprit devient le Temple, son cœur devient l'Autel...
Son corps et son sang deviennent les Saintes Espèces...
Et toutes les cellules de son corps participent au sacrifice, à la célébration.
C'est ainsi que les disciples peuvent s'élever, en étant les prêtres du Seigneur et les aides de la Hiérarchie.

Discipline Spirituelle Nécessaire

Oui, la discipline spirituelle doit s'exercer en vous, tout comme la gymnastique exerce le corps physique.
Pensez à cela !

Il n'est pas si simple de toucher les hautes sphères sans la purification au préalable du cœur et de l'esprit, et sans les exercices spirituels donnés aux plus avancés.
Il n'est pas si simple de toucher les hautes sphères sans que les tentations et les désirs personnels n'exercent leur pression, et n'attirent vers les couches les plus basses du « ciel ».
Mais toucher le « ciel » est déjà une grâce et une promesse d'élévation.

Fonction des Archétypes

On ignore la réalité des archétypes, on ne les connaît pas, parce que la pensée n'a pu les atteindre et en capter leur force.
Il faut élever son mental dans et par l'énergie des tensions successives, qui poussent tous les humains à se tendre vers le plan élevé, où ils peuvent capter les symboles.
Les Sept Atomes des Sept Plans, sont les Sept différenciations du Feu !
Vous connaissez peu du Feu, et ce peu ne concerne que ses expressions les plus inférieures !
Le Feu physique, l'électricité, le magnétisme, la lumière, la fusion !
Mais dans chaque expression du Feu, l'archétype révèle sa nature propre, sa force, sa puissance, son propre mode d'expression.
C'est pourquoi il faut réellement toucher l'archétype pour en avoir la vision et la force, pour pouvoir atteindre cette tension qui est l'accélération du taux d'activité des cellules.
Pour atteindre la force d'expression qui toujours est en rapport avec la capacité de celui qui la reçoit.

Connaissance des Archétypes

Vous parlez des archétypes ! Vous connaissez les atomes permanents des différents plans ! Ceux-ci sont la lumière et la forme contenant les archétypes de chaque plan !
La communion avec la Lumière donne la force du plan archétypal. Mais lorsque l'archétype lui-même est connu, la lumière devient le canal inépuisable, la force archétypale visualisée.
Elle inonde les cerveaux et les cœurs qui les cherchent par l'imagination, elle inonde les cerveaux et les cœurs qui les réalisent dans le cœur.

Vous connaissez les sept atomes permanents et leur sept subdivisions dans lesquelles se manifestent de multiples expressions archétypales !

Ce qui est en Haut et comme ce qui est en bas !

Dans le feu inférieur humain, vous pouvez retrouver également ces sept, et leurs multiples divisions dans lesquelles se trouvent un champ d'activité presque inconnu actuellement.

Ils sont perceptibles seulement avec des appareils extrêmement délicats : microbes, virus, amybes, et diverses formes d'animalcules encore inconnus.

Les rayons colorés peuvent les attirer et les placer dans un champ magnétique convenant à leur manifestation et à leur vie.

Les couleurs elles-mêmes sont des manifestations archétypales dans lesquelles les sous-tons sont encore à découvrir et à exprimer.

Si l'on vous dit de concentrer votre énergie dans tout ce que vous faites, c'est pour que vous puissiez entrer en contact avec l'archétype qui préside votre action !

Le contact avec l'archétype augmente la possibilité et la force d'accomplissement, il donne l'idée de la perfection dans ce qui est à réaliser, et fait de toute action banale, une œuvre d'art et de beauté.

Raréfaction de la Pensée

Les Sphères Célestes sont de plus en plus raréfiées, de plus en plus puissantes, de plus en plus vivantes !

Vous devez apprendre à répondre consciemment à leurs vibrations.

Votre arme pour monter à l'assaut : l'énergie de la pensée, découverte dans la raréfaction de la pensée active.

Jeu et Coopération

Le jeu ne peut être une spéculation ni un amusement au détriment d'autrui, il ne peut encore moins être une basse tricherie !

Le jeu est un échange d'énergie et de joie, il est une détente, un moyen de concentration pour le mental !

C'est ainsi que Nous comprenons la coopération !

Sexualité et Créativité Divine

Beaucoup de livres sur la sexualité sont répandus dans le monde, ils attirent principalement la jeunesse.

Cependant, combien parmi eux, apportent un peu de lumière, un peu d'éclaircissement pratique ?

Combien apportent l'élément spirituel caché dans l'acte de la Création ?

A l'époque du puritanisme tout ce qui touchait au sexe était condamné. Les églises et leurs lois ont donné le nom de « péché » à l'acte sexuel. Mais aucune condamnation n'apporte de lumière sur ce problème capital.

Au contraire, trop souvent, la condamnation porte l'ombre là où il n'y a que beauté, là où il n'y a que réplique de la Création Cosmique, de la Création Divine.

Il faut être détaché de l'acte charnel, pour comprendre la signification profonde de l'acte créateur.

Le mental détaché des images, des sensations et des émotions peut comprendre. Il sait que l'acte créateur, accompli dans le détachement n'est ni une honte, ni un péché. Le mental détaché des images, des sensations et des émotions peut comprendre la réelle portée de l'Acte de la Création, accompli en toute conscience, dans le but de mettre au monde une réplique de l'espèce humaine, ou bien pour se libérer d'une force qui, non contrôlée, peut devenir insupportable.

Ici, l'amour, tel que vu par les hommes n'intervient pas.

L'Acte de Création est un Acte du Père !

L'Acte de Création est un Acte de la Mère !

Il ne faut pas être des sournois, des hypocrites ou des fanatiques. Lorsque la sentimentalité, la passion et le mental non contrôlés ne feront plus « tomber » ni les hommes ni les femmes, l'acte de la création sera sublimé et il sera plus aisé de transmuer cette force, et de créer l'Œuvre de Pure Volonté.

La sentimentalité exaltée de ce siècle par tant de lectures et de chansons sensuelles, doit disparaître, afin de voir et comprendre sainement et clairement ce qu'est la Vie.

Triangle Supérieur et Nouvelle Naissance

Le corps causal — le corps de l'âme — est relié à la glande pinéale par un cordon (ombilical), comme le corps d'un l'enfant est relié à sa mère par le cordon ombilical !

Lorsqu'il est dit de prendre conscience du triangle supérieur de la tête, c'est afin de fixer l'attention, puis la conscience dans (à l'intérieur) cette glande, qui devient alors la sphère lumineuse du corps causal.
A l'illumination, qui est une nouvelle naissance, une section est faite entre la glande et le corps causal, et le Souffle de la nouvelle vie (O.M.) nourrit l'homme transfiguré.

L'Energie Supérieure

La pensée est énergie !
L'imagination est énergie !
La conscience est la flamme allumée par l'énergie de la pensée !
La conscience est énergie !
L'énergie est un véhicule !
La conscience est un véhicule !
L'imagination créatrice emploie ces deux énergies.
La conscience est le véhicule désigné pour l'accomplissement des voyages interplanétaires sans l'emploi des engins matériels.
Placez votre conscience dans le triangle de votre tête, c'est là que ce trouvent les ailes, c'est là le lieu de l'envol vers toutes les stations du système solaire.

L'Action

Pourquoi rêver ? Pourquoi rejeter l'action ?
Par l'action accomplie avec conscience et perfection, Dieu se fait matière, et la matière se fait Dieu !

Le Verbe fait Chair

La plupart des mots que vous prononcez sont vides et stériles, et les meilleurs d'entr'eux sont écrasés ou étouffés dans des phrases futiles ou vulgaires.
Dans le silence se trouve la raréfaction humaine qui répond à la Raréfaction Cosmique !
Dans l'énergie de la pensée élevée se trouve l'élévation qui répond à la Pensée Cosmique !
Rejetez les futilités, les banalités, la vulgarité de votre verbe. Que les mots que vous prononcez soient chargés de l'Energie de la Vie, de cette Energie Supérieure que vous captez par le triangle supérieur de la tête, et que vous transmettez par votre cœur !
Puisez à la source des Energies !

Que de cette manière, votre souffle soit créateur et distributeur de paroles vivantes capables d'enflammer les esprits et les cœurs, et de les élever à la surface des « Eaux ».
C'est ainsi que le Verbe se fait chair et qu'il habite parmi les hommes.

Humilité et Silence Créateur

L'humilité est certainement plus que l'oubli de soi !
Tant d'hommes se croient supérieurs et écrasent les autres en se mettant à l'avant-plan, par fanfaronnade et pour leur propre plaisir et satisfaction.
Est-il si difficile d'établir sa demeure sur le plan de l'âme, là où chacun — fût-ce le plus humble — est un réel frère ?
Que de paroles qui exaltent la fraternité universelle, tandis que les agissements sont cruels et séparateurs !
Nul n'a le droit de blesser son frère !
Nul n'a le droit de douter de son frère !
Nul n'a le droit de le diminuer à ses yeux ni aux yeux des autres !
Nul n'a le droit d'abuser des plus faibles !
L'humilité est un pas en avant vers le Silence Créateur !
Alors, réfrénez vos paroles blessantes ou cruelles, réfrénez vos pensées et vos émotions qui commandent à de telles paroles !
Soyez doux et humble de cœur !
Sachez maîtriser votre comportement !
Soyez un frère pour vos frères !
Parlez moins et créez davantage !

Sachez Ecouter

Sans cesse votre petit « moi » régit votre comportement, et vous vous croyez humbles !
Sans cesse votre petit « moi » se met à l'avant-plan dans vos pensées, vos paroles et vos actes !
Sans cesse votre petit « moi » vous fait choisir ce qu'il y a de meilleur pour vous et pour les vôtres !
Sans cesse vous parlez à tort ou à raison et vous ne pouvez écouter les autres !
Les autres vous fatiguent, vous crispent, vous énervent...
Et vous parlez, vous parlez, pour vous montrer supérieurs à eux !
Et vous vous croyez humbles...

Dans la communion d'âme à âme que vous exaltez en parole, y a-t-il une place pour la suffisance, pour l'orgueil, pour la séparativité ?
Combien d'amis — de réels amis — avez-vous en dehors de tous ceux qui vous encensent ?
Combien d'amis avez-vous pu retenir autour de vous, dans votre groupe ?
Comprenez que le silence est plus grand que la parole !
Chacun doit être un instructeur pour vous, et n'oubliez pas qu'il vous reste encore tant à apprendre !

Rejetez l'Orgueil

Pourquoi vous agiter ? Pourquoi ne pouvez-vous rester en place ?
Pourquoi ne pouvez-vous écouter les autres et essayer de les comprendre ?
Etes-vous si orgueilleux pour vous croire supérieur à tous ?
Admettez, non pas en théorie seulement, mais en fait, que chaque individu possède son propre génie, que chaque individu est différent des autres, et que tous ont le droit de s'exprimer librement !

OM et Lumière

Au-dessus de la Vie il y a la Lumière !
Au-dessus de la Lumière il y a le OM !
Mais OM et Lumière sont un dans et par la triplicité du AUM !
Ainsi la Lumière parle du OM, et la Lumière sera le OM !

Paix et Unité

La Paix, c'est ce qu'il y a de plus nécessaire et de plus urgent pour le monde ! Mais la Paix ne peut se trouver que dans l'union de tous et de tout. Elle ne peut se trouver que dans l'unité absolue.
Alors, comprenez pourquoi Nous insistons sur la Paix et sur l'Unité.
Commencez vous-même dès aujourd'hui cette offensive pour la Paix.
Et soyez vous-même parmi vos frères un semeur de Paix et d'Harmonie.

L'Illusion

Ne confondez pas l'illusion et la dépression, bien que les deux aillent souvent de pair.

Lorsqu'un voile tombe, une illusion tombe, et la lumière est parfois trop forte pour les yeux des hommes !

Le Yoga de Cela

L'Amour Cosmique n'accepte de l'homme que cette infime partie de lui-même qui est plongée au sein de son âme, et qui se mire dans les spasmes multiples et vagues des amours humaines.

Ce n'est que lorsque l'homme a compris l'inutilité de ses passions, de ses désirs toujours changeants, et lorsqu'il les a rejetés et reniés, qu'il peut enfin saisir cette infime flamme, et qu'il peut la libérer dans le Cosmos, son but et son lieu d'origine.

Alors seulement il comprend ce qu'est Cela !

Alors seulement il connaît le Yoga de Cela !

Détachement

Ne pensez pas qu'il soit moins difficile de pouvoir se détacher des liens sentimentaux ou d'amitié, que de pouvoir se soustraire aux tentations des biens matériels.

Il faut encore et encore faire des expériences ! Encore et encore faire des erreurs pour comprendre ce qu'est le détachement !

Il faut encore et encore souffrir et être déchiré !

Personne n'appartient à personne !

L'amour humain n'est qu'un reflet de l'Amour Cosmique, et en son temps, il faut quitter l'image pour la réalité !

Comprenez-vous pourquoi Nous insistons sur le détachement ?

Régénération

La vision de l'Infini se fait dans et par le cœur.

La vision du cerveau se fait par le sang qui se purifie dans le cœur.

Lorsque le mental calmé, reposé, peut se taire, il monte vers un pont étroit qu'il faut traverser, et où chaque pas apporte une compréhension et une force neuve pour que la traversée soit moins dangereuse.

Actuellement beaucoup d'entre vous sont sur ce pont, et peuvent voir l'unité entre tout et entre tous, l'unité entière, totale, entre le bas et le haut, entre l'homme terrestre individuel et l'homme spirituel collectif !

Sur l'autre rive se trouve la Joie, la Connaissance, la Beauté, la Lumière et l'Immortalité !

Sur l'autre rive, l'homme maîtrisé et conscient commande ses pensées, ses émotions et son corps physique. Tout en étant conscient qu'il est le commandant et le maître, tout en étant conscient qu'il est lui-même la force qui crée et qui anime les formes.

Il est tenu à ne donner la vie qu'à ce qui est le plus élevé !

Ainsi seulement, l'homme peut être régénéré et sauvé des liens terrestres qui le rivent à la terre.

Cependant, à chaque instant, il reste crucifié dans cette matière qu'il a fait sienne.

Ses souffrances libèrent une plus grande force de régénération.

En cette matière régénérée peut alors passer le rayon de soleil qui vient d'en haut, et qui illumine le haut comme le bas.

Par ce rayon, la Lumière éclaire le Tout !

Par ce rayon, la Lumière devient le Tout !

La Grandeur d'un Pouce

Certains yogis méditent en fixant les yeux sur la pointe du nez. Il n'est certainement pas nécessaire d'employer cette méthode. Mais celle-ci peut vous indiquer qu'il existe un rapport étroit entre la racine du nez et la pointe du nez.

Entre les deux, il y a la grandeur d'un pouce ! Il y a l'homme de la grandeur d'un pouce !

Le Triangle Créateur, Préservateur et Destructeur

Le Double Triangle a le droit de vie ou de mort sur la matière lorsqu'il s'allie à son semblable.

Il est créateur lorsque, percé par le Point Volonté-Amour, il entre en activité.

Il est préservateur (bouclier) lorsqu'il projette Sa Lumière.

Il est destructeur lorsqu'il perce son semblable chez les autres par la volonté seule.

L'Argent Réel

Il a été dit que ce serait terrible pour l'humanité, si celle-ci devait changer sa conception des valeurs matérielles, et si le moyen d'échange devait se faire sur une autre base que celle que nous connaissons actuellement !

M. a raison lorsqu'il dit que deux sources seulement peuvent procurer une substance réelle, payée par un argent réel : la terre et le travail !

Toutes les valeurs matérielles n'ont que la terre et le travail pour fondements réels, ou bien une combinaison des deux.

L'argent est souillé lorsqu'il provient d'autres valeurs fondées sur le profit personnel, la spéculation, l'orgueil, l'avarice, l'égoïsme, la fausse spiritualité, le confort, le matérialisme à outrance, le commerce malhonnête et autre valeurs douteuses.

Il faudra des siècles pour annihiler et ajuster ce que les personnalités égoïstes ont accumulé.

Par une mentalité saine et par une éducation appropriée, on peut redresser ces erreurs et arriver à une conception saine et juste de la valeur de l'argent.

Combien de peines, de luttes, de ruines et de désolation faudra-t-il encore pour que les hommes admettent le concept de Fraternité dans la vie quotidienne ?

Les Conquêtes de l'Esprit et le Rôle des Jeunes

Le rêve de l'homme a toujours été de conquérir, et son rêve s'accroît en même temps que ses possibilités matérielles et spirituelles.

Les guerres, le nationalisme, ont poussé l'homme vers des buts plus éloignés encore, ce qui malgré tout lui fait comprendre que la terre, ses biens matériels, ses idées et ses joies appartiennent à tous et à chacun.

Tout a contribué à l'élargissement des horizons individuels !

Tout a contribué et contribue à l'unification de la terre !

Dans toute guerre, c'est l'infanterie qui part en reconnaissance, qui occupe le terrain et qui est le principal agent de liaison et d'unification.

L'époque des guerres s'éteint progressivement, et cependant l'infanterie continue à jouer son rôle, par les jeunes qui, volontairement, ou par la force, sont amenés à quitter leur pays pour vivre une aventure… une aventure riche en relations humaines et en échanges culturels.

Les pays pionniers sont et restent toujours ceux qui envoient leur jeunesse à l'étranger, pour y semer et récolter les germes du Bien.
Les pays qui ne prennent pas d'extension en ce sens, restent en arrière et sont amenés à se cristalliser.

Création dans l'Amour

Là où l'homme crée un désert, là il trouve un désert !
Là où il permet à une énergie de se manifester, une énergie identique naîtra, elles s'uniront, se complèteront et se multiplieront.
Voyez la cause des déserts sur la terre !
Mais voyez aussi comment l'homme par ses énergies destructrices peut détruire toute expansion, toute amitié et toute affection autour de lui !
La destruction apporte la destruction !
Mais l'amour apporte sa récolte de chaleur et de sincérité !

L'Energie de la Vie

L'homme peut seulement percevoir ce qu'est l'Energie de la Vie, et comment il peut l'employer consciemment, lorsqu'il parvient à s'identifier au Cosmos !
C'est pourquoi, par l'imagination créatrice, il est bon de se représenter le Cosmos, Ses Energies et Ses Lois !
Et ensuite, de se voir soi-même en temps que cosmos miniature !
Par la Loi de Similitude il est possible de hâter son identification avec le Cosmos. Il est possible de mieux comprendre le principe de la Hiérarchie, de la Communion des Saints, et la maîtrise qu'ont atteinte ces Grands Etres, les Guides actuels de la race, pour qui l'identification avec le Cosmos, avec Cela qui est Dieu, est un fait réel et accompli.

La Cage Tri-Dimensionnelle

Aujourd'hui la mesure standard de l'humanité est tridimensionnelle. Depuis l'enfant jusqu'au vieillard, depuis le savant jusqu'à l'ignorant, tous sont enfermés dans cette prison invisible, d'une triplicité graduée selon chacun, mais unique en sa manifestation terrestre.
Seules les vibrations plus subtiles, non contrôlables par la technique terrestre, peuvent conduire les hommes vers l'Infini où les dimensions s'ajoutent à la connaissance, à

la conscience et à la faculté de répondre aux énergies planétaires, systémiques et cosmiques.
Le Dieu que vous perdez et qui s'évanouit au fur et à mesure des dimensions nouvelles, le Dieu que vous cherchez inutilement et vainement dans la stratosphère, et qui n'est limité que par les propres limitations des hommes et par l'infini des dimensions connues seulement de Lui ; ce Dieu qui dépasse toutes les dimensions humaines et terrestres et que vous limitez dans votre cage tri-dimensionnelle, se joue de votre orgueil, voilé trop souvent et caché sous les masques de l'humilité et de la compassion, orgueil bien vivant en vous et constituant votre prison tri-dimensionnelle.
Mais parfois, vous pourriez voir l'Infini dans le sourire d'un enfant, dans le regard avide d'un adolescent ; vous pourriez le sentir dans le parfum d'une fleur, dans la beauté de la nature, mais vous n'y faites pas attention...
Vous n'y faites pas attention parce que vous ne connaissez ni la simplicité, ni la subtilité !
Votre cœur, bien mieux que votre cerveau, peut comprendre et réaliser la Grandeur de l'Infini avec la multitude de Ses dimensions, de ses formes, de Son magnétisme.
Voyez dans votre cœur si vous ne pouvez découvrir une dimension nouvelle où vous pourriez puiser et connaître un secret qui serait une base pour de nouvelles recherches.
Un homme très sage a dit : « les meilleures idées partent toujours du cœur ». Aucun être humain, aucune institution dite avancée ou progressiste, n'a le droit de s'enfermer dans une cage tri-dimensionnelle.
L'ère de l'espace à ouvert toute grande la porte à la nouvelle dimension déjà perçue et décrite par de nombreux Leaders, mais peu comprise par leurs élèves et peut-être par vous-mêmes !
Beaucoup ramènent toute chose, toute instruction donnée à la dimension usuelle sinon à la dimension personnelle.
A. a raison de dire qu'il est difficile de lutter pour permettre à une synthèse planétaire d'unir toutes les bonnes volontés, d'unir toutes les âmes ! Il a raison de dire que les pionniers de la Synthèse ont toujours été persécutés et entravés ! Il a raison de dire que si l'on ne s'enferme pas dans la cage d'une prise de conscience ferme, dans une idéologie, une association, un groupement, on est considéré comme un traître, un suspect, ou un lâche !
Tout ceci est bien humain !

Mais Je le répète, il faut être fort, patient, persévérant, et oser croiser le fer en Mon Nom !
La victoire des Forces du Bien est assurée !
Ceux qui veulent gagner la lutte aujourd'hui pour eux-mêmes, perdent leur propre victoire pour demain !
Ils sont des agents retardataires dans le mouvement de l'évolution !
Ainsi, pensez à la Synthèse et continuez à braver tous les obstacles !
Celui qui choisit de se détacher du Christ, de la Loi de l'Amour Universel, celui qui choisit de se détacher de la Hiérarchie et de son Maître, empêche pour lui et pour les autres l'épanchement de la Force de l'Amour, qui est : « la Voie, la Vérité et la Vie » !

La Merveille de Demain

Pourquoi vous enfermer dans une cage de théories toutes faites, pourquoi vous enfermer dans des théories usées et dépassées, pourquoi vous enfermer dans une cage « universitaire » scellée par un diplôme fameux ?
Pourquoi exiger de vos engins physiques, même les plus perfectionnés et des énergies que vous dites si subtiles et insurpassables, qu'ils vous donnent la juste mesure de ce qu'est l'Invisible ?
Non ! Ami ! Cessez de limiter votre horizon !
Demain, la science que vous croyez indéfectible, se flétrira par des connaissances, des dimensions et des énergies supérieures et nouvelles.
Ne vous condamnez pas à la mort par votre savoir même, qui demain sera appelé ignorance, et laissez une ouverture par où puisse pénétrer le Rayon de la Sagesse qui s'élève et se renouvelle inlassablement.
Au-delà de votre science, il y a et il y aura toujours le Mystérieux !
Ainsi, laissez toujours une porte ouverte à ce qui constituera la merveille de demain !

La Venue du Christ et le Nouvel Avatar

Oui ! Le Christ a terminé Son cycle Divin-Humain et toutes les luttes et difficultés inhérentes à ce haut stage.
Actuellement, l'humanité dans ses plus hautes valeurs s'est élevée et forme elle-même sa propre valeur Christique, tel

que l'a si bien vu et décrit Pierre Teilhard de Chardin, Son ardent disciple.

Cette valeur humaine-christique ou christique-humaine, forme la courbe que tu as vue.

Tandis que le Christ Lui-même est le Soleil Central, préservant de Sa Vie et nourrissant toute l'humanité animée par les deux pôles de l'Amour qui s'élèvent et se rejoignent pour former l'Antakharana, à travers le no man's land planétaire et intrasystémique jusqu'au soleil.

C'est ainsi que le Christ devient le Préservateur et termine Sa tâche de Rédempteur.

S'étant Lui-même, comme dit plus haut, libéré de cette noo-sphère qu'il laisse entre les mains des hommes.

C'est pourquoi il est dit que : « le Christ viendra pour les membres avancés de la famille humaine », et qu'il le reconnaîtront parce qu'il a « toujours été avec nous ».

Sa venue évoquera une « vibration responsive » de la part des masses, mais non une « reconnaissance directe ».

Il est normal que, pour que le Logos Planétaire puisse s'exprimer au-dessus des dualités terrestres et servir d'Antakharana entre le Logos Solaire et la Terre, et irradier la Présence de l'Avatar — Centre et Cœur du Logos Solaire —, il doive, grâce et par l'élévation progressive des plus hautes valeurs humaines, être libéré de la dualité terrestre.

Alors, la Hiérarchie, aidée par l'humanité avancée, pourra envoyer Ses Forces dans le Logos Solaire qui les unira aux Forces Shamballiennes, données par l'Avatar de l'Age Nouveau « qui lui transmuera pour les apporter à la Terre en tant que baume pour les nations ».

Telle est l'Alchimie du Logos Solaire !

Telle sera l'Alchimie du Logos Planétaire lorsque les éléments fournis par l'élite de la terre seront prêts à recevoir le Feu Nouveau qu'apportera avec Lui, le Nouvel Avatar !

« Apprends à connaître l'Univers en toi-même.

Apprends à te connaître dans l'Univers.

Dès que le disciple atteint son âme, il lui est enseigné la Voie de progression. »

Cela

Cela est.
La Durée expire et respire.
Le Temps semble éternel.
L'Espace semble illimité.
L'Esprit sème.
Ils reçoivent.
Les Archétypes naissent, Fils de l'Esprit.
Et du Son organisateur, les formes naissent, Filles de la durée indifférenciée.
Fils et Filles luttent pour leur existence, leur devenir.
La Conscience jaillit et voit la dualité.
La Conscience grandit et voit la multiplicité.
Et la Durée respire, se retrouve Elle-même en chaque forme...
Et la Lumière brille en chaque forme.
Puis les formes deviennent transparentes, translucides, formant — sur son plan — le Cristal de la Joie.
Dieu S'est enfin trouvé.
Puis Il compte Ses Archétypes et les résout en un seul.
Lumière ! Lumière intense ! Lumière évanescente !
Lumière qui se regarde, Lumière qui se résorbe en elle-même.

AUM

Puis l'espace et la durée se taisent.
Tout se tait.
Tout est silence.
Le Cercle devient le Point.

Eternité

Le Tout est là.
Le Tout réfléchit.
Le Tout recommence.
Mystère de l'Eternel.

Transmuer le Mal en Bien

Le secret de l'existence est l'unité.
Le secret de la décadence est l'inimitié.
Lutter contre son prochain, c'est se créer un ennemi, c'est diviser au lieu d'unir.

Avoir la juste vision des énergies en chacun, pouvoir appeler et utiliser ces énergies pour le bénéfice de l'humanité, c'est transmuer le mal en bien.
L'orthodoxie est une forme suprême de l'orgueil qui veut dominer, qui veut prendre.
Combien plus élevée serait l'humanité si les leaders pouvaient transmuer le mal en bien.

Inri

Le son de la trompette de Jéricho résonne aussi bien pour l'individu que pour la planète !
C'est alors le cri de la personnalité qui s'éteint sur les quatre bras de la Croix (les quatre points du ciel).
Cette mort donne à l'être la nouvelle existence.
Le Inri domine les quatre éléments maîtrisés, qui se soumettent à la puissance de l'Esprit.

Le Un, le Trois et le Sept

Oui ! La trompette résonne et crée le vide dans ce qui était l'union des Trois, dans ce qui unifiait le Sept !
La trompette résonne créant le vide !
Le son permée la forme radiante, la forme elle-même devient le Un, et le Un, le Trois et le Sept sont Cela !
Cela, Esprit qui plane au-dessus des Eaux !
Cela, Son qui se multiplie dans la Lumière !
Cela, Lumière qui se multiplie dans la Forme !

Soumission du Mental

O mental, mental destructeur du réel !
Pourquoi t'acharner à séparer, à diviser ?
Pourquoi ne peux-tu rentrer en toi-même ?
Pourquoi ne peux-tu contempler l'unité du Tout ?
Tu veux trôner au-dessus de tes servants !
Et tu n'es toi-même qu'un servant !
Cherche en toi, en toi seulement le secret du Divin !
En toi sont le pouvoir, l'amour, l'activité !
En toi sont le mot, la lumière, l'électricité !
Mental, tu es ton propre sauveur, tu es ton propre maître et libérateur, libère-toi afin de pouvoir libérer les autres !

L'Union des Deux Origines

L'homme est spirituellement négatif et mentalement positif.

La femme est spirituellement positive et mentalement négative.

Ainsi l'un et l'autre peuvent mutuellement se féconder, pour enfanter l'énergie créatrice.

L'homme peut mentalement aider la femme, et cette dernière peut vitaliser spirituellement l'homme.

Ainsi est équilibrée la balance et l'union des Deux Origines se rétablit !

Immortalité

Souviens-toi en vérité que lorsque tu pourras construire ton temple avec la lumière positive de ton âme, et lorsque cette lumière pourra illuminer les autres temples, alors tu comprendras que tu es, tu as toujours été, et tu seras toujours !

La Nouvelle Energie de l'Ere Nouvelle

Seuls ceux qui ignorent la similitude et les rapports entre le macrocosme et le microcosme pourront critiquer et rejeter Nos livres.

Psychisme supérieur et psychisme inférieur sont confondus par ceux qui ignorent encore la Nouvelle Energie amenée par l'Ere Nouvelle !

Par leur snobisme mental ils veulent détruire ce qui est neuf, ce qu'ils ne comprennent pas, afin de conserver leurs idées et leurs propres valeurs.

Tant que l'énergie positive de l'égo ne sera pas utilisée, le mental séparateur érigera son trône, pour juger, pour critiquer, pour condamner.

Mais bientôt ce trône, par la magie de l'Ere Nouvelle, se transformera en une tour d'ivoire !

La cage dorée emprisonnera les retardataires !

Mais vous qui savez que le ciel se prend par la violence, osez avancer droit devant vous sans tourner la tête !

Ignorez ceux qui se moquent de vous et vous méprisent, continuez la construction de votre phare pour prospecter le Cosmos et pour construire la Terre !

Ouverture de l'Esprit

Le Mental Divin est la somme totale de l'esprit des hommes.
Lorsqu'un homme développe son esprit, il ouvre la porte à ses frères.
Mais lorsque plusieurs hommes sont unis en esprit, ils pénètrent ensemble dans cette zone spirituelle, ils s'imprègnent de sa substance, de sa puissance, ils multiplient leurs possibilités, ils augmentent la Toute-Puissance.
Le Haut-Mental s'élève à partir d'un état de l'âme, à partir d'une note, d'une certaine vibration.
Et cela seul peut atteindre Cela.

La Nouvelle Terre

En dehors de tout orgueil, en dehors de toute confusion, en dehors de toute séparativité, créez, construisez votre future Terre.
Organisez votre futur Globe, où vous serez un Dieu !
C'est là ce que vous demande le Père !
C'est là votre suprême héritage !

Que votre âme se réjouisse à l'approche des temps nouveaux !
Que votre âme se réjouisse en voyant périr la forme et lever le germe ! En vérité les plus grandes catastrophes ne sont que des ferments pour faire lever et croître la jeune tige de l'Ere Nouvelle.

Il y a tant de façons de comprendre la vérité, surtout lorsque celle-ci doit s'abaisser jusqu'au mental, jusqu'à la vision limitée de la personnalité humaine.
C'est pourquoi il vous est demandé de construire l'image de la Nouvelle Terre, du Nouveau Globe.
Imaginez-la, donnez-lui plus de lumière, plus de force.
Votre Monade en vous est le germe de votre futur Globe dans lequel vous serez le Roi Immortel.
Alors seulement seront dépassées la Vie et la Mort humaines.

Imaginer, créer un Globe, le remplir de sa propre lumière, le sustenter de sa propre vie, c'est devenir, c'est être le Père.

La vérité est simple dans les distorsions mentales, sans les doutes, les complications, sans l'orgueil ou la fausse humilité.

Pensez et devenez l'Œil de l'Aigle des hautes cimes !

Respect du Rythme

Certainement il y a un rythme à respecter dans la nature. Les hommes ne l'ont pas encore compris. Les hommes ne regardent plus les astres, ils ignorent même le soleil et la lune.

Essayez de comprendre que l'énergie de la terre, doit être réglée, maintenue et sustentée par la force et le rythme du Donneur de Vie !

Non ! Ce n'est pas de la superstition !

Ce n'est pas un retour en arrière !

C'est une vérité qui bientôt reverra le jour, et qui présidera à la naissance et au développement d'un Gouvernement Mondial qui germe déjà, sous la pression et la poussée de la Haute-Pensée engendrée par les hommes de demain.

Le Générateur des Archétypes

L'homme ne peut être perméé par l'Esprit que s'il s'élève vers l'Esprit.

Le monde des Archétypes a lui-même pour archétype le Monde Archétypal de la Pensée Divine.

Ce monde est généré par Cela, Cela... la Monade en l'Homme, Cela... l'Unique... le Tout... le Père !

Cela, le générateur de tous les archétypes !

L'Appel du Père

Le Monde du Père est au-dessus de vous !

La pensée est en vous Sa Pensée.

L'amour est en vous Son Amour.

Par votre pensée élevée vers Lui, par votre amour, donnez des ailes à votre pensée.

Elevez-la, élevez-la encore !

Oui ! Bientôt vous atteindrez le Père, le Père immense, le Point dans le Cercle, l'essence même de tous les esprits humains !

Se tourner vers le Père

Celui qui se tourne vers le Père s'entend appelé par Lui ! Soyez sans crainte ! jamais il ne succombera sous la pression des entités astrales qui tentent souvent de ramener l'homme vers les demeures inférieures.

En vérité Je vous le dis !

Répétez-le à ceux qui jugent !

Répétez-le à ceux qui doutent !

Répétez-le à ceux qui calomnient !

Oui ! Ecrivez-le, l'ignorant est pire qu'un chien galeux, le détracteur est plus néfaste que le vampire !

Le Pire de vos Ennemis

Nous sommes sévères parce que le monde doit être secoué.

La vie elle-même ne vous secoue-t-elle pas ?

Mais vous, comprenez-vous le dessein de ces chocs répétés ?

Vous implorez un Nouveau Rédempteur, Lui préparez-vous la Voie ?

Vous désirez un Monde Nouveau, Lui procurez-vous un nouveau mode d'expression ?

Vous désirez le chemin de l'Esprit, Le construisez-vous patiemment, jour après jour ?

Vous désirez l'Amour partout et en tout, semez-vous les germes de la Fraternité ?

Vous désirez servir le monde, avez-vous rejeté tout intérêt personnel ?

Vous désirez, vous voulez tant de choses, mais le pire de vos ennemis n'est-il pas votre paresse ?

Que la Lumière Soit

Si le désir peut créer des ailes, faites-les si légères qu'elles puissent vous élever vers cette Matéria Matrix dans laquelle le germe de votre monde, votre esprit en vous, créera la Matéria Lucida dans laquelle il pourra prendre forme !

« Que la Lumière soit ! »

Avènement du Septième Rayon

Oui ! Il faut l'esprit de coopération, il faut l'esprit de synthèse, pour avoir accès au Septième Rayon qui vient, et qui est apporté dans et par les Signes du Ciel !

Dans le Bleu du Ciel, le Bleu de la Mère, dans le Rouge du Soleil et de la Lune, dans le Violet sombre des ténèbres chaotiques, percées par la flèche de l'esprit humain synthétisé.

Grandeur de la Terre dans l'Avènement

L'ignorance et les ténèbres disparaîtront graduellement !
La Lumière nouvelle les chassera !
L'Améthyste de Son Ordre brillera à Son Doigt !
Le Cristal sera transparent, translucide !
L'homme verra et connaîtra la quatrième dimension en lui et autour de lui. Il prendra conscience des radiations de son être. Il comprendra sainement les événements mondiaux. Il regardera la Terre comme un Etre unique et vivant, limité comme lui dans l'espace et dans le temps, conditionné comme lui par son environnement, par sa Famille : le Système Solaire ; par son Homme : l'Espace.
N'est-il pas merveilleux de prendre conscience de notre grande demeure : la Terre ?

La Reine et la Ruche

Sur cette planète qui êtes-vous ?
Dans la ruche, qu'est une abeille ?
Vous croyez être libre ! Vous croyez voler de vos propres ailes !
Non ! Reconnaissez que vos limitations sont grandes, et plus grande votre illusion !
Les fleurs, par l'abeille, vous donnent le miel, mais votre esprit recueille-t-il le miel pour créer encore et créer toujours ? Ou bien, le laissez-vous dans les cadres ?
Oui ! Il y a beaucoup de travail dans la ruche, mais le plus important n'est-il pas celui de la Reine ?

La Paix du Monde

Oui ! Le corps de la planète est bien malade en sa chair, il souffre une lente agonie !
La maladie de l'égoïsme et de l'orgueil fomente les guerres et les destructions !
Bien sûr, à chaque endroit malade surgissent les cellules qui luttent pour rendre l'équilibre et l'harmonie.
Mais la force ne garantit pas la Paix, qui est une attitude de la pensée collective humaine.
Chaque homme a le devoir de lutter pour la restauration et la préservation de la Paix du monde. Et la Paix du monde donne la Paix aux hommes.

La Paix du monde est un but à atteindre. Elle est la dernière victoire à remporter !
Peut-il y avoir victoire sans lutte ?
Que la vision de la Paix ne vous berce pas d'illusions !
Que la vision de la Paix ne vous rende pas apathique !
Que la vision de la Paix ne vous rende pas aveugle !
Au contraire ! Soyez vigilant !
Que l'arme de votre pensée apaise les esprits séparateurs !
Que l'arme de votre pensée rapproche les antagonistes !
Que l'arme de votre pensée lutte et crée la Paix !
La Paix du monde ne repose pas sur les armes, Elle se crée à chaque instant par votre pensée !

Là où est le Souffle, là est la Vie

Afin de contrebalancer la pollution de l'atmosphère qui se fait de plus en plus sentir sur la terre, l'homme devrait changer son mode de respiration. En vérité, la conscience de l'homme doit s'éveiller dans ses centres supérieurs.
Là où est le Souffle, là est la Vie !

Définitions

La joie est une préservation !
La connaissance est une direction !
La vie est une école !
La Lumière est !

Le OM est l'identification avec le Point !
Le OM est l'extension du Point !
Le OM est la manifestation du Point !

Purification

Il est étonnant de voir de nos jours combien l'âme des jeunes se réveille devant le matérialisme qui les entoure. Les grèves de la faim individuelles et collectives que vous voyez ici aux Indes et que vous prenez bien à la légère, ne sont-elles pas les preuves de la volonté de l'âme de se purifier et de se libérer de vibrations grossières, qui doivent céder la place à d'autres vibrations ?
Combien la nature se révolte contre ces manifestations !
Combien la pression du renouveau se fait sentir partout !
Ouvrez les yeux et regardez autour de vous !
Voyez combien nécessaire est la purification !

Elévation de la Terre

La terre doit s'élever comme un tout devant son trône !
Les ailes individuelles des hommes s'assemblent et forment déjà des ailes immenses pour la planète !
Par ces ailes unies — un carré — la terre sera préparée pour recevoir de nouvelles semences desquelles naîtra le Cercle de Perfection !
Il est essentiel de comprendre la signification des Ailes !
Non pas des ailes intellectuelles illusoires qui font partie de la personnalité, mais les Ailes de l'Esprit éveillé par l'Ame !

Création du Nouveau Monde

Ne pensez pas que l'amour négatif que vous appelez « paix » soit le réel Amour Cosmique.
L'Amour implique la vigilance !
L'Amour implique la vision de l'unité !
L'Amour implique le respect de l'unité !
Mais la vision de l'Unité et son avènement s'inscrivent dans la dispersion de la diversité !
Les armes ne sont pas les œuvres de l'Amour !
L'amour négatif ne construit pas la paix !
L'apathie n'est pas la forme de l'amour !
Pour créer le Nouveau Monde de demain ne faut-il pas la coopération de deux parties ? Ne faut-il pas la coopération des forces en présence ?
Nous parlons de la création du Nouveau Monde !
Nous parlons d'Esprit à esprit ! Le comprenez-vous ?

Résonance du OM

Le soleil de l'esprit doit s'élever au nouvel horizon humain et sauver l'homme du feu de son mental pervers qui dévore en lui sa substance spirituelle.
Le doute n'a couronné aucune victoire !
La suspicion n'a détrôné aucun ennemi !
L'orgueil n'a jamais détrôné que l'inférieur !
Ouvrez vos yeux pour voir !
Ouvrez vos oreilles pour entendre !
Là résonne le OM, de la terre aux cieux !
L'envol se fait du soleil vers le Soleil !
En vérité, l'esprit de l'homme s'élève par l'Esprit !
Joignez vos ailes aux grandes Ailes !

Le Jugement

Les Sept ont été jugés dans l'Espace en passant devant le Tribunal de notre Seigneur le Soleil !

Les Sept ou les Cinq ont été jugés dans le soleil humain en passant devant le Tribunal de leur Seigneur et Maître !

Aujourd'hui déjà sont sauvés ceux qui vibrent à l'unisson de l'Esprit !

Et demain, périront ceux qui vibrent à l'unisson de l'humain !

L'Homme a appelé l'homme !

L'homme s'est appelé lui-même au Tribunal de l'Homme !

Il doit se justifier, il doit avancer !

Responsabilité de l'homme

Comment et par quel phénomène viennent à l'existence ces soi-disant monstres terrestres et marins nouveaux qui laissent les savants perplexes ?

Comment et par quoi viennent à l'existence ces créatures invisibles à l'œil humain qui pullulent sur la terre, dans l'air, l'eau et le feu ?

L'homme est le seul responsable de l'équilibre et du déséquilibre de la planète !

En pulvérisant l'atome physique et son rayonnement il permet à des forces cosmiques de s'échapper, de revêtir des substances physiques, et de se métamorphoser dans des formes inconnues, dans des formes immenses ou minuscules, dans des formes anciennes depuis longtemps oubliées, et des monstres nouveaux viennent à l'existence !

Tous sont engendrés par le mental humain.

Faut-il s'étonner si l'Ame immortelle cherche à s'élever vers le Supérieur afin d'échapper aux perversions terrestres qui affectent les formes heureusement passagères ?

La Médiatrice

La Lumière de l'Ame dirigée consciemment vers la lumière inhérente des formes rend celles-ci transparentes, vivantes, compréhensibles.

La Lumière de l'Ame dirigée vers l'Esprit, vers la Cause sans forme, immuable, capte la Vibration Cosmique (le Son).

Elle peut la revêtir de substance avec laquelle la forme s'exprimera et se manifestera dans les plans que vous dites inférieurs !

Oui ! L'Ame est bien la médiatrice entre l'Esprit et la Matière !

L'Energie de l'Esprit

Il n'existe qu'une Energie, celle de l'Esprit, que l'âme et la personnalité revêtent d'innombrables habits et travestis.
Comment découvrir où se cache la Vérité ?
En vérité, la Lumière de l'Ame éclaire toutes choses !
Projetez-vous hors du monde de l'ombre !
Voyez et vivez la Lumière qui capte le Son !
La personnalité éclate ; l'horizon s'élargit...
Vaste, infini est le domaine du Divin !

La Création de la Forme de Beauté

Tout mécanisme inventé par les hommes est à l'image d'un plus grand et invisible mécanisme !
Il faudrait étudier davantage le processus de la photographie. Il faudrait photographier le processus mental.
La photographie a besoin de connaissances et d'habileté !
De même le photographe spirituel qui intervient dans la télépathie, dans les arts, dans l'intuition, doit pouvoir diriger l'énergie responsive et faire que, par elle, la forme se crée en toute beauté.

Le Manteau de Marie

Oui, l'Espace est le manteau de Marie qui existe depuis le début des temps.
Chacune de Ses fibres doit devenir consciente d'elle-même et consciente du Tout, lorsque l'Innommable agit sur Lui en touchant Sa pure substance.
Combien l'homme est aveugle lorsqu'il n'a pas l'œil perçant de l'aigle !
L'œil de l'aigle peut voir, saisir et comprendre l'identité, l'unité du vaste Cela qui se revêt de l'Espace.
O Toi ! Espace — Maya ! Divine Mère ! Tu es unie à Cela ! Tu es Cela ! Tu es fécondée par Cela !
Et tu génères cycliquement des Fils et des Filles Cosmiques tout comme la mère terrestre génère des enfants terrestres !
Mais les tout petits peuvent-ils comprendre ?
Peuvent-ils s'associer à la Beauté Créatrice ?

Le Mystère de la Génération Spirituelle

Dépouillez-vous de la tare dévotionnelle fanatique qui embue encore vos yeux d'enfant.

Ouvrez vos yeux d'adulte avec respect et émerveillement sur le plus grand de tous les Mystères, sur le Mystère de la Génération Spirituelle !

Etude du OM

Faut-il promettre monts et merveilles à tous ceux, même les plus humbles, qui se pencheraient sur l'étude du OM ? Non ! Et cependant les monts et les merveilles naîtront dans la conscience du chercheur et en feront un pionnier pour l'Ere Nouvelle.

Libre Accès aux Mystères

Notre intention n'est pas de pousser les masses vers de soi-disant écoles ésotériques ou secrètes.

Mais chacun, en s'élevant par l'étude de l'âme, par l'étude de ses énergies, de sa force, de sa lumière, chacun peut avoir accès aux Mystères.

La Valeur de la Patience

Soyez patients et persévérants dans vos recherches, le temps peut vous appartenir et vous obéir dès que vous cherchez à le maîtriser.

Ni le temps, ni les choses périssables n'ont l'importance que vous leur attribuez.

N'est-il pas grand temps pour vous, en dehors des concepts du temps et de l'espace de rentrer dans la Demeure du Père ?

Toute décision rapide ou extravagante n'est qu'un feu-follet qui mourra parmi tant d'autres.

Avant d'agir, imaginez ! Pensez ! Méditez !

Nourrissez votre âme de l'Energie Supérieure qui grandit et féconde vos heures !

Réalisation de l'Infini

Toutes les formes religieuses et leur expression ont pour base les forces chaotiques de la nature qu'adoraient et craignaient les premiers hommes.

Seuls parmi eux, ceux qui se sont libérés de la crainte et qui ont cherché à maîtriser ces forces se sont élevés au-dessus de la masse.

La force des valeurs physiques matérielles s'éteint avec la venue des Energies Nouvelles amenées par l'Age Atomique, l'Age de l'Espace.

Je voudrais que vous, vous soyez un des premiers à comprendre que l'énergie de l'âme est actuelle et future !

Qu'elle seule peut libérer de la peur !

Qu'elle seule peut donner au monde la Fraternité !

Qu'elle seule peut donner la réalisation de l'Infini !

La Beauté de l'Unité

Habituez-vous à transposer en votre esprit, la terminologie religieuse en termes de force et d'énergie. Cela élargira votre vision scientifique et vous donnera de nouvelles clefs pour ouvrir tous les domaines inconnus.

Nous ne souhaitons nullement diminuer les valeurs religieuses, ni créer l'anarchisme ou le fanatisme scientifique. Au contraire, Nous ouvrons plus large votre horizon en vous faisant voir la beauté de l'Unité.

Consummatum

La Couronne d'Or ceint le front du Roi !

Sur Elle brille le pur Diamant de l'Etoile, et les Quatre Joyaux de l'Elu, allumés par les Feux du Diamant et vivant par le Souffle Divin... O homme qui comprends, élève ta conscience vers la pure Lumière qui fait éveiller les mille feux !

Les Cinq éveillent les Douze !

Les Douze éveillent les Mille !

Et tout est consommé !

Lorsque le vent souffle sur les eaux il les oblige à se mouvoir.

Le vent dessèche les sources mystérieuses ! Il s'enfonce dans le sol pour appeler le feu qui fait tourner les roues !

Il les rapproche et les unit les unes aux autres !

Les Douze deviennent les Sept !

Les Sept deviennent les Quatre !

Les Quatre deviennent le Un !

Et le Un fusionne avec Cela !

Limites de la Psychiatrie et Expérience du Profond

Le cosmos, la terre, l'humanité et l'homme évoluent en bloc lorsqu'un individu défanatisé se penche sur le problème de l'univers, son propre problème !

Non, la psychiatrie n'a pas encore atteint le stade où elle peut juger à quel moment, dans le temps et dans l'espace, un être a eu sa conscience obnubilée.

Elle ne peut encore juger sa lente évolution à travers les différents règnes, ni déceler le moment ou l'état dans lequel le renversement de la conscience se produit.

Il y a un mouvement ascendant, celui de l'être dit normal.

Il y a un mouvement rétrograde, celui de l'être dit anormal, mystique, psychique, paranoïaque, névrosé ou autre ;

Lorsque le corps purifié subit le renversement de la conscience, celle-ci se rouvre aux cristaux formés à travers les âges.

L'infiniment petit est le début d'une zone, et l'infiniment grand est la fin d'une autre zone !

L'infinement grand perd sa conscience dans la radiation infinitésimale de l'état suivant.

Lorsqu'on atteint dans sa concentration le point, le centre, le trou de l'aiguille, on s'ouvre à l'infiniment grand qui le précédait.

Celui-ci à son tour se réduit en un point pour reprendre conscience de l'infiniment grand qui le précédait encore.

L'homme au stade humain inconscient passe par le point de la conscience globale animale. Se réduisant encore, il passe dans le point global de la conscience végétale, puis enfin dans la conscience minérale, conscience minérale froide puis incandescente, le Feu !

Il y a dans la conscience une succession graduée de feux !

Une succession graduée de points (points de tension) desquels on émerge en tant que Maître !

Reprendre conscience, dans les atomes permanents de ces points de feu, c'est se retrouver, c'est quitter l'image pour la réalité, c'est vivre dans l'éternel présent !

Ton Propre Maître

La conscience ne peut naître que par ou dans le cerveau de l'homme, poussée d'infiniment petit en infiniment petit, jusqu'à l'obtention du néant qui est le Tout.

Oui ! Le néant, parce qu'il n'est rien dans l'existence physique !

Oui ! Le Tout, parce que le néant est le résultat global de toutes les expériences à travers les règnes et les âges de la Monade individuelle — parcelle Divine — perdue dans la beauté de Sa propre création.
... Et alors le Maître retrouve sa propre création réalisée à travers les âges, à travers les règnes.
Il est consterné du royaume qu'inconsciemment il a créé.
O homme ! Fais l'expérience du profond !
Et atteins le stade où tu découvriras que toi seul es ton propre maître.

Silence et Méditation

Il est difficile pour le disciple vivant la vie extérieure d'atteindre l'unité de l'âme dans la raréfaction.
Au début, l'organe de l'âme fonctionne lentement. Le disciple doit vivre alors dans le silence et la méditation.
La méditation extensive élargit la circonférence du cercle de la connaissance.
La méditation intensive rassemble et condense en un point toutes les connaissances acquises.
Le point seul, libéré de la lourdeur des connaissances, se recharge à la Source de l'Omniprésence.

Soyez

N'essayez pas de devenir ! Soyez !
Affinez votre âme dans et par le silence de votre être.
Ne recherchez pas l'isolement mais acceptez-le.
Approfondissez-vous dans la solitude, dans la tension.
Soyez le Père-Mère de votre comportement total !
Soyez le Fils ; votre propre sauveur et rédempteur !
Soyez l'Esprit ; le réalisateur de la beauté !
Que votre effort s'allie aux efforts de tous !
Qu'il constitue l'Aile magique qui soulève la terre.
La terre doit s'élever avec ses ailes positives et négatives que lui donnent les hommes et les femmes de bonne volonté.

Solitude Positive

Rejetez toute sentimentalité, déliez tous vos liens, et qu'ainsi libérés vous puissiez connaître l'Amour !
La sentimentalité est l'ombre de l'Amour, tous les liens ne sont que des chaînes, certes il faut du courage, de la volonté pour les briser tout en maintenant leur ombre !

Leur ombre, afin d'aider ceux qui en ont besoin pour les diriger vers la Lumière.
La Lumière pointe dans le bruit des chaînes qui se brisent !
La Lumière progresse dans la solitude et la réflexion !
La Lumière de votre âme illumine vos propres ténèbres !
Que vos yeux sachent se fermer pour prendre conscience de l'Essence du Feu !
Qu'ils se ferment pour prendre conscience des ténèbres qui règnent partout et qu'il vous faut éclairer !
Que votre esprit saisisse alors l'Essence même du Feu !
Qu'il transperce la mort pour donner l'Immortalité !
Seul, vous devez aller sur les bords du Gange !
Seul, vous devez vous purifier dans Ses eaux !
Seul, vous devez escalader la montagne !
Votre solitude est la Lumière de votre âme !
Votre solitude est le OM du Créateur en vous !
Votre solitude est la flèche qui perce les ténèbres !
Votre solitude est le gage de l'Immortalité !

Enseignement de l'Ame Universelle

Consacrez plus de temps à votre méditation, qu'elle soit un exercice de recherche intérieure sinon vous perdez votre temps !
Qu'elle parte de l'organe physique de votre âme en se dirigeant vers le haut, vers l'Esprit qui plane au-dessus de vous.
Fixez votre conscience uniquement dans votre âme afin que votre âme individuelle puisse s'unir enfin à la grande Ame Universelle.
Que votre âme reçoive l'enseignement de la grande Ame Universelle ! Que votre âme reçoive la force de la grande Ame Universelle !
Votre solitude vous a ouvert une Voie nouvelle !
Vous n'êtes plus seul, un grand nombre d'âmes répondent à votre appel !
La porte du Cosmos s'ouvre devant vous !
Elle est dans l'infiniment petit de votre être même, elle plonge ses racines dans votre âme, elle s'abreuve à la Source des sources !
Oui ! Méditez mieux ! Méditez davantage ! Fuyez les vains mots ! Captez les énergies !
Les mots sont trop lourds pour élever votre âme, tandis que les énergies vous emportent dans la raréfaction !

Essayez de percevoir le Cosmos, Sa Vie, Son Message !
Et vous unissant à Lui, soyez Lui !
Oui ! Homme ! Tu es un Dieu en devenir !

Idées Semences et Renouveau

A chaque début d'un cycle planétaire commence la montée d'une jeune semence, fruit de l'ancien cycle mourant.
Cette semence est le témoin d'une nouvelle résurrection.
Lorsque vous comprendrez que la même Lumière permée toutes les cellules, tous les atomes de l'univers, vous saurez que nuire à un seul être c'est diminuer une parcelle de la Vie Une, c'est saper à la base le principe de l'Unité que nous cherchons à construire par l'amour et non par la haine !
La Toute-Lumière est le Flambeau de la Hiérarchie ; le flambeau qu'il vous faudra un jour prendre et préserver, puis le passer enfin à d'autres mains qui doivent être alors aussi pures que les vôtres !
Ne jugez personne sinon vous-même !
Voyez quel est le chemin que vous suivez !
Voyez si vous êtes l'un des Nôtres !
Ou si, consciemment ou non, vous êtes un agent des forces noires !

Tous sont nos Frères

Apprenez à respecter la liberté en chacun. Respectez même les flambeaux éteints perdus dans les ténèbres.
Sachez que l'Amour Cosmique peut allumer tous les flambeaux !
Etes-vous si certain que votre flambeau soit allumé, et qu'il dissipe vos propres ténèbres ?
N'est-il pas un lumignon que vous confondez avec un phare ?
Pauvre sot qui vous croyez illuminé par vos vertus !
Il n'existe rien d'autre que la Lumière Cosmique !
Il n'existe rien d'autre que la Lumière de vos pensées collectives !
Il n'existe rien d'autre que la Lumière de votre amour collectif !
Il n'existe rien d'autre que la Lumière de vos actes collectifs !
La Lumière de la Terre est encore si pâle devant Vos yeux !

Apprenez ce qu'est l'Energie de l'Amour Cosmique qui dépasse toutes les limites de votre dévotion !
Découvrez cette Energie toute-puissante en vous, laissez-vous perméer par Elle.
Ne rejetez rien ! Ne rejetez personne !
Tous sont vos amis ! Tous sont vos frères !

L'Amour, Energie Suprême

Que la Paix règne dans vos esprits et dans vos cœurs !
La Paix qui est le berceau du Christ-Enfant.
Puissiez-vous comprendre ces paroles et les assimiler !
Puissiez-vous devenir des Porteurs de Lumière, des Flambeaux qui éclairent les ténèbres !
Nous avons besoin de toutes les Lumières, Nous avons besoin de tout votre amour.
L'Amour est le Sauveur et le Rédempteur !
L'Amour est la plus haute des Energies Cosmiques actuelles.

Les Idées-Semences

Partant de l'infiniment petit, condensé, raréfié, synthétisant toute la grandeur du cycle futur, la semence germe dans le sol fécond du mental humain.
Elle déchire le voile qui sépare le connu de l'inconnu, apportant avec elle la nouvelle renaissance, dans et par la magie de la beauté.
La beauté s'exprimera sur la planète dans le renouveau du Jardin d'Eden où Adam et Eve retrouveront leur égalité !
Un jour viendra où seront expulsés du monde tous les retardataires de l'évolution.
Ceux qui exercent le pouvoir usurpateur ! Ceux qui se complaisent dans la sentimentalité ! Ceux qui remettent le grand pas au lendemain !
Le Yoga du Mental n'ouvre la porte qu'à la recherche !
Il ne reste pas stagnant dans les mêmes pensées !
Il ne reste pas stagnant dans les mêmes horizons !
Le Yoga du Mental est vivant comme la Vie !
Les pouvoirs d'expression et de réalisation sont complémentaires. Apprenez à toucher les idées-semences, ces graines semées par les Adeptes, les Rishis, les Maîtres, dans le vaste jardin du ciel où vous avez trouvé l'entrée !
Identifiez-vous à ces idées-semences ; nourrissez-les et exprimez-les dans des formes de Beauté.

Régénération

Quand l'homme s'entoure mentalement d'un halo violet, principalement à la tête et aux épaules, il s'accorde avec l'Or du Soleil, pour la régénération de sa propre aura.

Le Flambeau de la Hiérarchie

Il existe deux facteurs sur les trois plans de la personnalité qui peuvent nous situer sur l'un ou l'autre Sentier !
Sur le Sentier Blanc de la Fraternité Blanche ! Sur le sentier noir de la fraternité noire !
Le premier Sentier, le seul que Nous acceptons, est le Sentier du Juste, du Sage, du Saint !
Que votre esprit ne se trouble pas !
Qu'il cherche avant tout la Vérité !
Si vous critiquez votre frère, si vous le calomniez, si vous croyez votre sentier supérieur au sien, si votre fanatisme le rejette hors de votre amitié, vous risquez de tomber sur le sentier noir !
Votre mental acerbe, critique, malveillant peut-il être un instrument de travail pour Nous ?
Répondez vous-même à cette question !

La Mèche de l'Aspiration

Ne confondez pas le rayonnement de vos vertus avec ce que vous appelez intelligence.
Ne confondez pas l'amour-sensibilité humain ni la dévotion-sensibilité humaine avec la Lumière qui est l'énergie de l'âme.
Vos qualités, vos vertus, votre intelligence ne sont que les parties constituantes de votre flambeau.
L'aspiration est la mèche qui recevra la Lumière, l'aspiration, plus tard, sera dissipée par la Lumière.
L'aspiration et la lumière sont une !
Qu'importe ce qui doit être brûlé ou détruit !
Seule la Lumière est Une ! Seule la Lumière Est !

La Toute Lumière

La Lumière comme telle, ne peut être altérée ni par l'espace, ni par le temps !
C'est dans la Toute Lumière que doit émerger votre propre Lumière.
La Lumière est éternelle, immanente, immuable. Elle survit à la décomposition de vos corps.

Ainsi, centrez-vous dans la Lumière !
Comprenez-vous la Loi de l'Immortalité ?

La Lumière-Une

La Lumière réside dans les profondeurs de votre être.
La Lumière irradie au centre de votre cœur.
La Lumière éclaire le flambeau de votre intelligence.
Comprenez les effets de la Lumière-Une !
Comprenez les effets des Trois Couleurs Primordiales !
L'amour humain n'est qu'un lampion qui doit grandir !
L'Amour Christique n'est que le diminutif de l'Amour Cosmique !
Mais si peu d'hommes manifestent l'Amour Christique !

Le Sacrement de la Création

N'oubliez pas que l'acte sexuel est sacré, et qu'il peut tout aussi bien vous élever vers la Lumière que vous ravaler au rang des animaux.
Sur le plan physique, l'acte sexuel procède de la propagation de l'espèce. Sur le plan émotionnel, il réveille l'instinct animal à moins qu'il ne conduise à la Bouddhi. Sur le plan de l'esprit, il est une lumière blanche, vibrante et vivante.
Toute perversion, distorsion dans l'acte le plus sacré qui soit est un sacrilège qui tue la Divinité en soi.
Comprenez-vous le rôle du Créateur en soi ?

La Nature Divine-Humaine

Oui ! Chaque chose est triple en soi, chaque chose est Lumière, Vie, Forme, dans une certaine mesure vous avez ce triangle en vous !
En aiguisant votre mental, en développant votre cœur, en purifiant vos émotions, votre corps, vous pouvez atteindre et devenir ce triangle par lequel votre âme consciente peut vous faire participer à la nature Divine-Humaine.

Essence des Energies et Communion avec l'Infini

Nous l'avons dit : c'est dans la raréfaction que vous trouverez l'essence des énergies en vous !
C'est avec la raréfaction de ces énergies que vous deviendrez vous-même l'Essence !
L'essence de toute énergie est une flèche qui, lancée vers l'Infini, atteint l'Energie Supérieure de même nature.

Cette Energie est immanente et toute-puissante dans sa circonférence, Elle est transcendante en Son centre lumineux.
Vous pouvez créer cette flèche !
Vous pouvez la lancer vers l'Infini !
Vous pouvez atteindre aux plus hautes destinées !
Vous pouvez être un commandant des Forces !

Eternel Présent

Si vous pouviez toujours pressentir qu'en un point ou l'autre du globe le soleil se lève pour saluer la nature, vous resteriez en permanence dans l'aurore de la vie, dans la jeunesse éternelle, dans la gratitude de Cela !
Le temps n'existerait plus, l'espace serait vaincu, et l'expérience du futur, de l'éternel-présent chanterait à jamais dans vos cœurs !

Appel de l'Etoile d'Argent

Vois ! Ta tête est un globe évanescent et irradiant !
Dirige ton regard vers l'apex !
Fais-lui pénétrer le cône sombre !
Là se trouve l'Etoile d'Argent ! Elle t'appelle !
Traverse ce cône sombre, ton dernier obstacle !
Et emporte ta conscience vers l'Infini !
Le troisième-œil est projeté par la réunion de la conscience divisée des deux yeux de chair !

L'Homme un Dieu Créateur

Lorsque l'homme connaîtra le triangle éthérique, il pourra y centrer le germe du Lingam Spirituel.
Grande alors sera l'élévation de l'être ! L'élévation de tous les règnes !
Et tout-puissant sera leur témoignage pour l'ascension finale !
L'homme est un Dieu créateur !

Elévation du Calice et Réception du Don Sacrificiel

L'évolution et l'involution sont parallèles et bonnes lorsqu'elles partent du Lingam de l'Ame !
Et de monde en monde, le Calice s'élève pour accomplir la destinée, pour accomplir la Loi !
Que chaque particule se transmue en or, jusqu'à ce qu'il n'y ait plus que Cela.

Cela, la Main invisible Toute-Puissante !
Cela, la Main éternelle du Tout !

La Main Accomplissant le Rituel

Le cube d'argent lentement se creuse, rejetant, par l'intérieur, ce qui ne peut être la Coupe, qui constituera le prochain Bloc.
Dans Son centre, dans Son cœur purifié descendra le Don Sacrificiel qui formera le cône plein du support.
Et le Calice est formé !
Il est là ! Il attend pour recevoir la Semence qui descendra du Cône d'Or !
Un nouveau sacrifice naît de la Main de Celui qui élève le Calice, et qui brisera le mince filet séparant le Bol du Cône.
Puis celui-ci viendra féconder le Cube suivant, tandis que le contact de la Main Sacrée fera descendre dans le Bol les gouttes d'Or (argent transmué) du Cône Supérieur (couvercle du calice) qui deviendront l'Holocauste Sacré, qui deviendront la Tara du Cube suivant, qui deviendront la Main accomplissant le rituel !

Le Bouclier et l'Epée

Si votre enfant en étant libre commet des fautes et des erreurs, ne le laissez pas seul dans la tourmente qui résulte autant de votre propre erreur.
Donner la liberté à l'enfant, c'est lui mettre l'épée à la main !
C'est l'inviter à la bataille !
Chacun ne doit-il pas lutter ?
Ne confondez pas le Bouclier et l'Epée !
Les deux sont nécessaires pour la vie, pour l'art de l'attaque et de la défense !

Unité Spirituelle du Père

Ne faut-il pas que tous les humains ainsi qu'il est prédit par les Prophètes, par les Sages, par les Saints, ne faut-il pas, dès l'arrivée dans l'Age de l'Espace, dans l'Age de l'unification planétaire, ramener toutes les Fois, tous les Crédos, par la Force invincible de l'Amour-Unité, à la communion des âmes, à l'unité spirituelle du Père ?
Les religions phalliques, les religions du feu, de l'épée, les religions dites idolâtres et païennes, les religions de la

crainte, de l'argent, du pouvoir, les religions séparatistes répandant la haine, les religions matérialistes et scientifiques, toutes ces formes de religions, d'idéologies et de philosophies convergent vers la Lumière, vers une forme de Lumière ! Convergent vers le Centre de Vie ! Convergent vers Cela, le Dieu aux mille noms !

Elargissez votre esprit !

Faites sauter toutes les barrières !

Le temps de l'Unité et proche !

Bienheureux ceux qui auront compris, ils iront tous à la droite du Père.

Energie Solaire et Force Lunaire

Ce qui fait la force d'un centre planétaire c'est l'enjeu entre les pôles, réalisé par l'énergie positive du Père, énergie positive du Rayon Solaire, et par la force négative de la Mère, la force négative du Rayon Lunaire.

L'équateur reçoit et distribue l'énergie solaire ; les pôles reçoivent et donnent la force lunaire.

Les deux hémisphères sont les deux triangles qui reçoivent les Energies Cosmiques Supérieures, et rechargent le potentiel de la Terre, pour augmenter la vie dans tous Ses règnes.

Comprenez-vous que l'énergie (solaire) et la force (lunaire) sont indispensables, au niveau de l'esprit humain, pour avoir accès aux Mystères, pour faire œuvre de Création, pour faire partie de l'élite parmi les hommes ?

Le rôle de la Mère

Chaque centre planétaire est une réflexion des triangles hémisphériques. Chaque centre est adombré par l'énergie du Père, centrée dans le nucléus de la Terre, et par l'énergie de la Mère, cristallisée sur les hautes cimes (des triangles).

L'énergie du Père, la force de la Mère, les hautes cimes, ne sont violées que pour permettre la redécouverte de la Mère, la Grande Lune invisible de l'Esprit, qui reflète Son Message dans la lune que nous voyons.

Ainsi donc, ouvrez votre esprit !

Et comprenez le rôle indispensable de la Mère !

Message Personnel à l'Elève Récipiendaire

« Aujourd'hui, par ta méditation sur la lune et par le saint office, tu as rouvert le canal entre Nous et toi.

Prends note du résultat de ta méditation (que Nous t'inspirons) et écris-le dans le Livre.

Ecris aussi ce qu'est Soma. »

Om Mani Padme Hum

Soma est cette liqueur spirituelle qui est éjectée par le doigt de la Lune, ce Lingam d'Or au front de Shiva !

Et qui enivre les mystiques, les poètes, les artistes.

Mani — cette Manne répandue du Ciel qui nourrit toutes les intuitions, qui fertilise l'esprit, qui unit la terre au ciel.

Padme — le Mot magique au sommet de la montée.

Hum — le chant de l'abeille qui bourdonne dans l'oreille unique, qui ouvre l'Œil de l'Esprit.

O la sainte folie encore incomprise par les trop petits humains !

O la sainte ivresse qui chante les splendeurs, la joie, le Divin Mariage de l'Epoux et de l'Epouse !

OM MANI PADME HUM ! OM MANI PADME HUM ! OM MANI PADME HUM !

ENVOI

Le Livre de la Vie devrait se terminer pendant que le soleil se meut vers le nord.
Ainsi, il porterait le Sceau du Père, Sa Bénédiction et Son Aide à tous Ses enfants, à tous les hommes !
Il les appellerait à Sa Vie, à Sa Force, et les préparerait à la proche Naissance, à la réalisation de Bethléem !
Ce Livre porte la marque de l'Etoile !
Il proclame la Grandeur de l'Esprit humain !
Il dit la confiance illimitée du Père !
Il chante l'Hymne de Gloire à l'Elu de demain !

TABLE DES MATIÈRES

LIVRE [illegible] LA CONNAISSANCE

Tr[illegible]ar E. Warnon

Les Messages contenus dans ces écrits, délivrent un enseignement d'une rare profondeur, permettant l'éclosion d'une véritable mutation spirituelle dans le vécu de chacun.

Ce Livre d'une force percutante, agit comme une acupuncture spirituelle, frappant tour à tour l'être humain sur tous les points sensibles de sa périphérie. Cette thérapeutique a pour objectif de centrer l'homme en lui-même, et de l'amener à une conscience plus globale du monde.

« Le livre de la Connaissance vous indique la Voie et vous offre les opportunités et les moyens de la suivre.

Avec lui vous aurez en mains les éléments nécessaires pour entreprendre par vous-même le voyage vers l'Infini. »

85 F

MONDES DE LUMIÈRE
RAPPORT X7

Transcrit par A.K. Edwards

Voici un livre unique qui relate l'expérience exceptionnelle accomplie par un groupe de prisonniers incarcérés dans des mines de sel en Sibérie.

Ces êtres ont œuvré avec les radiations de la Lumière Solaire, ce qui leur a permis entre autres de se construire un corps de Lumière, de vaincre les limites de la mort imposées par la matière, et de se mouvoir dans le vaste monde de l'éthérique dont ils ont capté les subtiles énergies pour en imprégner la substance dense.

Dans la matière ainsi vitalisée, une transformation fondamentalement s'opère : sa fréquence vibratoire augmente, ses composantes s'affinent, sa nature même se modifie. Qu'un groupe d'hommes vivant sous terre et astreint aux travaux forcés ait réussi à réaliser cette transcendance constitue un acte capital pour la terre entière. Du fait que l'Océan de Vi imprègne et traverse toute chose, leur action a véritablement affiné et illuminé l'aura entière de la planète.

Ceux qui liront ces écrits s'enflammeront devant la découverte d'une dimension plus vaste du sens de l'existence.

96 F

SHAMBHALA OASIS DE LUMIÈRE

Andrew Tomas

Depuis toujours la Force Lumineuse de Shambhala inspire et dirige la destinée de la planète. Les envoyés de ce Centre Sacré sont nombreux, leur œuvre et leur message perdurent à travers l'histoire en inspirant les cultures et les civilisations nouvelles.

Dans ce livre, la mission de certains d'entre eux est décrite à la fois sous l'angle religieux, culturel, scientifique et politique. Notre compréhension du monde, des événements s'en trouve considérablement enrichie.

La lecture de ce remarquable ouvrage permet de comprendre l'enchaînement des causes et effets, ce qui nous donne les moyens de transformer radicalement le monde, de le rendre plus juste et plus beau.

Shambhala illumine le monde et guide l'humanité vers le chemin de la perfection.

115 F

LIVRE DE LA JOIE

Transcrit par E. Warnon

Ce livre, le premier d'une série de cinq, fut dicté télépathiquement par un Adepte de la Loge Blanche, à Elisabeth Warnon alors qu'elle se trouvait dans les Nilgiri Hills, chaîne de montagnes sacrées du sud de l'Inde.
Les Messages contenus dans ces écrits délivrent un enseignement d'une rare profondeur spirituelle, permettant l'éclosion d'une véritable mutation spirituelle dans le vécu de chacun.
La Joie est l'un des facteurs les plus importants de la vie !
La Joie n'existe que dans la vision directe de l'âme ! L'âme peut-elle regarder en arrière et ouvrir par là, une brêche dans la construction du futur !
Comment et où trouver la force pour créer le futur ?
Dans la Joie !
Comment consolider la forteresse de l'avenir ?
Dans la Joie.
Si le péril crée en vous et autour de vous des nuages sombres chargés d'électricité, prêts à éclater en orage, à blesser les plus tendres bourgeons, promesses du printemps, adonnez-vous à la Joie.
La Joie est un soleil radieux ouvrant et parfumant les roses.
La Joie est une fleur rare, elle mérite tous vos soins.

Prix : 73 F

Achevé d'imprimer en octobre 1988
sur les presses de l'imprimerie Laballery
58500 Clamecy
Dépôt légal : octobre 1988
Numéro d'impression : 809048

Imprimé en France